商务管理的理论与实践应用研究

马 耕 著

延边大学出版社

图书在版编目（CIP）数据

商务管理的理论与实践应用研究 / 马耕著. -- 延吉：
延边大学出版社，2021.7
　ISBN 978-7-230-01539-4

　Ⅰ. ①商… Ⅱ. ①马… Ⅲ. ①商业管理 Ⅳ.
①F712

中国版本图书馆CIP数据核字(2021)第144835号

商务管理的理论与实践应用研究

著　　者：马　耕
责任编辑：严海英
封面设计：王　朋
出版发行：延边大学出版社
社　　址：吉林省延吉市公园路977号　　邮编：133002
网　　址：http//www.ydcbs.com　　E-mail:ydcbs@ydcbs.com
电　　话：0433-2732435　　传真：0433-2732434
发行部电话：0433-2733056
印　　刷：北京市迪鑫印刷厂
开　　本：787mm×1092mm　　1/16
印　　张：11
字　　数：200千字
版　　次：2022年3月第1版
印　　次：2022年3月第1次印刷
书　　号：ISBN 978-7-230-01539-4

定价：56.00元

前　言

　　商务管理是以盈利为目的的商务组织和自然人，对出售和购买经济资源的各种活动进行全面计划、组织、领导、控制和创新的过程。商务管理具有外向性、多边性、全局性、复杂性和人本性等特点。

　　商务管理作为管理学的重要分支，是一门理论性和应用性很强的学科。近年来，随着我国改革开放不断深入、市场经济进一步繁荣、外来企业不断进入，这些都促使我国企业管理人员加快更新现代商务管理理念，提高管理水平，并进一步学习商务管理的理论与实践知识。

　　市场经济的发展要求企业管理人员要学会从环境中寻求商业机遇，同时也要提高实际操作能力，例如具体商务计划制订、企业结构设计、人力资源管理、财务管理、营销管理和流通管理等。

　　本书以基本的商务活动为主线，介绍了有关商务管理方面的基本知识和基本理论。本书主要内容有商务、商务活动和商务管理概论、商务管理的现状、电子商务经营管理、商务合同管理、商务风险管理、商务人员管理、商务冲突管理、商务财务管理和商务管理发展的三大趋势等相关内容。笔者力求本书对企业管理人员学习商务管理知识理论、提高管理水平与管理能力能够起到一定作用。

　　由于笔者水平有限，不足之处在所难免，恳请广大读者批评指正。

目　录

第一章　商务、商务活动、商务管理概述

第一节　商务概述

一、商务的含义

商务作为工商企业或经营者个人某类经济活动的称呼，在经济交往中已被当作公共用语。因此，商务是指企业或经营者个人围绕着自身的经营目的而从事的各类交换活动的总称。认识和把握商务的含义应注意以下几点：

（1）商务是外来语"Business"的意译，它是在西方特定的经济、社会、文化背景下对特定经济活动的概括。它与西方在其自由市场经济体制内保护私有制及私有财产的制度紧密相连，是由经济活动主体（企业法人或自然人）对财富的渴望而引发的。

（2）商务是交易双方在市场内通过一系列交易完成各种资源、知识和信息的交换，从而保证企业的经营目的得以实现的一个过程。在长期交易的过程中，双方为保障各自利益的实现，在相互博弈与不断试错的过程中，确立了公平、公正、公开的原则。商务活动被置于一个双方都能信守承诺的规则范围内进行。因此，商务是在双方都承诺了的规章制度、法律体系内运行的。

（3）商务作为经济活动的过程，是在市场竞争和一定的客观环境内开展的，环境既提供了机遇和机会，也构成了挑战和威胁。商务活动的主体是在一个与环境不断发生相互影响、相互联系的空间内实现的。因此，必须正视环境与商务活动的关系，一方面要求商务活动的主体在实现自身目的的过程中要对环境产生影响，要承担社会责任；另一方面商务活动的策略、方法又必须不断变革，以适应环境。

商务的含义可分为三个层次：

（1）商务的基本内容是市场中买方和卖方之间的交换活动，也可称为商业活动。商务是一个由调查研究、选择交易对象、交易谈判、签订合同、履约与解决冲突等活动构成的过程。

（2）商务作为企业的一类交换活动，是企业全部经营管理活动中的一个组成部分。企业全部经营管理活动可以分为两个部分，即组织内部的活动和组织内部与外部发生关系的

活动。组织内部的活动，如组织内资源的整合、配置等，一般称为管理；而组织内部与外部发生的各种关系和具体处理此类关系的活动，一般称为商务。

（3）企业在其发展目标或战略目标确定的过程中，已经与供应商、客户、竞争对手、社会中介组织、政府等形成了各类关系；而如何策划、实施和完成由战略目标拟定的各种关系，则是商务的范围。从这个意义上说，商务是企业存在和发展必不可少的、是保证企业战略目标和生产经营目的得以实现的重要活动。

二、商务概念在我国的流传

商务，是近现代工商业中流行的一个词，它由西方传入我国，并于20世纪30年代左右开始在我国工商业界中传播，至今已有近百年的历史。其间，由于政治、社会、历史的变迁，特别是经济体制的变化，人们对商务含义的把握与认识也在发生变化。

20世纪二三十年代，外国资本主义工商业大举进入中国，中国民族工商业也开始在夹缝中兴起。在这一时期，工商业者在业务交往中使用"商务"这个词比较多见，这主要是因为受到了英美等国在中国从事海外贸易、金融保险、铁路运输等工商活动的影响，也与中国民族工商业与他们的业务交往日渐密切有关。当时，对"商务"含义的理解很简明，"商务"就是"商业交往中的事务"。

从1949年中华人民共和国成立至1978年党的十一届三中全会，我国分别处于新民主主义革命和社会主义建设两个阶段。1956年完成了对民族资本主义工商业的改造，建立了社会主义公有制基础上的高度集中的计划经济体制。在这一时期，真正意义上的商品交换在经济活动中消失了。社会的物质产品，如工业生产资料、工业消费品、农产品、农业生产资料、进出口产品等全部收归国有，由外贸部、物资部、商业部、供销总社等统一进行计划调拨、供应、销售。这也就是人们知道的专事社会商品交换和流通的部门和行业，即统称的"商业"。此时的"商业"概念，与中华人民共和国成立之前的"商业"名称的含义完全不同：第一，在以"条块"结合的高度集中的计划经济体制内，"商业"是专指从事商品流通的部门，它是与工业、农业等并行的一个独立的经济部门；第二，商品流通的机制是完全高度集中的计划体制，市场机制在这里几乎完全失去了作用。

1978年党的十一届三中全会至今。改革开放政策首先从贫困的农村开始，之后在城市中逐渐推开，从计划与市场"双轨制"的价格机制改革入手，经过20多年的国有企业改制，中国在政治、经济、文化、社会等方面又一次发生了翻天覆地的变化。经过改革的国有企业不再是依"计划"而经营了，并且在此期间中国民营企业也得到了前所未有的飞速发展，在国民经济中占据了重要地位；同时外资企业大量涌入中国，开始与国内企业同台竞争。尤其是加入世界贸易组织之后，中国经济开始稳步走上国际经济舞台，与国际市场全面接轨。随着经济格局的巨变，中国的社会文化、人们的价值观念都发生了深刻的变化。人们对财富的渴望、对个人价值实现的诉求，开始逐步得到国家政策和社会文化的广泛认同与尊重。就是在这样一个变革的环境之中，传统的公有制计划经济体制内的"商业"含义逐渐被人们淡忘，而一个在法律保障和公平竞争环境内以追逐私利为目的的"商业"含义开始回到人们的意识与行为之中。而这一切与计划经济时代国有国营的"商业"含义已相去甚远，却与曾被遗忘了的"商务"含义相吻合，商务、商务谈判、商务活动和商业模式等词语又在经济活动中流行起来。

第二节 商务活动概述

一、商务活动的类别

（一）基本活动

基本活动是商务活动的主体部分，是为保障企业内部生产、经营业务活动得以顺利进行和实现目标所必需的采购、供应、仓储、运输、销售、服务等具体业务活动。

基本活动有两个特点：第一，基本活动的方式和性质不同于具体的生产经营活动。生产经营活动科学性较强，生产现场、生产设备工艺、技术、检验等环节必须遵从技术、工艺、设备材料等自然规律。采购、物流、销售、服务等业务活动则灵活性较强，虽然也要依据生产成品内在的技术所决定的规律，但是作为市场中进行交易的活动，往往富于变化，必须依据市场环境变化的状况而改变工作方式和方法，必须审时度势、因势利导、灵活应变，因时而动对于成功的商务活动来说至关重要。第二，商务活动交易双方利益关系基本上是对立的。交易是在讨价还价的对立中进行的，目标是追求更低的交易成本，当代所出现的"伙伴关系"其本质依然是在维护自身利益基础之上做出的新选择；而生产经营活动则是企业内部的活动，是企业内部各部门、各环节之间利益一致的活动，是企业为了追求更低运营成本而进行的提高效率的活动。

（二）公共关系活动

公共关系活动，是指作为商务活动主体的企业，为了保证"基本活动"能够持续、稳定、低成本运行，而从事的寻找交易对象进行业务接触、业务洽谈、合同签订和履行、商务冲突协调、树立企业形象以及广告宣传等的活动。

公共关系活动有两个特点：第一，此类商务活动发生的基本前提是交易双方利益的对立、交易双方信息的不对称以及交易双方经营经历、文化、价值观的不同所导致的差异。公共关系活动是在交易双方利益对立基础之上寻求达成一致意见的契合点。在"存异"的基础上"求同"是此类活动的基本性质。第二，此类活动的基本内容就是业务谈判、合同签订和履行，谈判的策略往往是重要的，如争取主动、回避、迁就、合作、妥协、让步等，这要求商务谈判者有较高的素养和交际技能。

（三）策划活动

策划活动，是指作为商务活动主体的企业，为保证"基本活动""公关活动"能够有效进行，保障生产经营目标及经营战略顺利实现而进行的分析环境活动。它包括商业机会选择、风险判断与规避、商务策划与实施等。

策划活动有两个特点：第一，此类活动并非具体的业务活动，而是事关企业长远发展和战略选择，并且要由企业高层领导参与实施的活动。应该说，它本身就是商务管理所包含的内容。第二，此类活动是领导者"概念性技能"的体现。所谓概念性技能，是指领导者所具备的感知和发现环境中的商务机会和商务风险的能力，理解事物和事物之间关联并找出关键影响因素的能力，以及权衡不同商务策略的优劣及驾驭的能力，等等。任何"基本活动""公关活动"都面临复杂多变的环境，都需要领导者审时度势、洞察环境做出正确决策。

以上三种商务活动的类别，相互影响、相互作用，构成了商务活动的内容。

二、商务活动范围

商务活动，是企业为保障生产经营目标实现而从事的各类活动，它在企业生存、发展中起着举足轻重的作用。商务活动范围具体包括如下几个方面：

（一）商务活动环境

商务活动环境，是指在商务活动及管理过程中，影响着商务活动的方向、内容以及方式的各种因素。它包括外部环境和内部环境两个部分。一般来说，外部环境或多或少地影响企业活动（包括商务活动），但有直接或间接的影响、紧密或不紧密的影响、短期或长期的影响等区别。为了节约成本，企业往往将外部环境调查研究对象集中起来。而内部环境，一般又分为软环境和硬环境。所谓软环境，即企业经营理念、企业精神文化、内部的凝聚力等。商务活动的创新能力与软环境密切相关，它能提高企业在商务活动中的应变能力。在现代商务活动中，内部软环境的建设是领导者所关注的。所谓硬环境，即人、财、物等方面的资源条件。

环境条件是变化的，因此变化的环境会给商务活动带来两种不同性质的影响：一是为企业商务活动提供了新的可以选择、发展、创新的机会。比如数字化技术的发展、无线网络技术的发展为创造新的物流平台提供了更快捷、更经济的手段。二是环境变化的不确定性会对商务活动造成某些不利的影响，甚至是带来风险。例如，技术变化速度的加快和变化方向难以把握，往往导致企业战略规划失误，错失市场机会。又如，市场中产品的供应总量以及品质、规格、品种的结构总量是悄悄发生变化的，但何时变化、变化的方向、变化的具体情况都直接影响着采购、销售等。因此，商务管理者必须及时分析和研究内部环境和外部环境变化过程中的各种情况。商务活动环境为商务活动的策划提供依据，指导商务活动，确保商务活动目的的实现。

（二）企业与供应商和客户之间的商务活动

企业与供应商和客户之间的商务活动，是企业基本商务活动，也可称为核心的商务活动。在供应链管理中，与供应商的交易是起点，与客户的交易是终点，直接关系生产经营全过程，关系企业生产经营目标以及发展战略目标的实现。

企业与供应商的商务活动包括两个部分：一是例行的商务活动及管理，即依据信息选择合适的供应商、与供应商接洽和磋商、确定谈判的立场和策略、签订合同和履行合同、协调矛盾和冲突以及与合适的供应商建立稳定良好的合作关系等；二是依据外部环境和内部条件的状况，在整合流程思想指导下构建新的采购供应关系。例如，实施规模化低成本扩张战略，强化与供应商讨价还价能力，或提高"后向一体化"的能力。

企业与客户的商务活动也包括两个部分：一是正常的商务活动及管理，即依据信息选择合适的客户、与客户接洽和磋商、构思谈判立场和策略、签订合同和履行合同、协调矛盾和冲突、建立稳定良好的合作关系等；二是依据环境和内部条件变化状况的信息，策划和变革建立新的客户关系，在整合流程思想指导下构建新的销售关系。例如，加强研发投入，采用差异化战略，加快新产品市场投入速度，提高与客户讨价还价的能力和提高"前向一体化"能力等。

企业与供应商的商务活动及策划活动，关系着企业生产经营活动能否持续稳定、能否降低成本，关系着企业产品质量能否得以保证，关系着企业战略能否得到执行等，关系着企业在市场中是否具有竞争实力。

企业与供应商、客户的商务活动及其管理是商务活动基本的、核心的内容。它在企业流程再造的价值链管理中占有重要地位，对企业生产经营目标以及发展战略的选择与实施有重要影响。我们所知的"企业兼并、重组""企业间相互控制、入股"等资本运作行为，大多是围绕着供应商和客户两端进行的战略举动。

（三）物流的商务活动

生产制造型企业从采购起点至销售终点连接的价值链管理中，存在着各个环节之间物质产品的空间差异、时间差异。物流是运用科学技术手段和科学管理缩短物资流通过程中的空间距离，提高物资流通速度，压缩库存数量，降低物资流通费用，保证供应、生产、销售顺畅进行，这是企业商务活动中另一重要内容。在面对经济全球化、市场环境更加复杂多变、竞争越来越激烈的今天，物流和物流管理在企业商务活动中的地位，甚至是在企业核心竞争力构建过程中的地位变得越来越重要。传统的物流在新技术系统面前，如互联网技术系统，其应用过程已经发生了根本性的变化，一个全新的"网络化物流""供应链与需求链相融合物流""第四方物流""即时化的零库存物流"等现代化的物流操作平台已经出现并得到使用。竞争模式将从企业与企业之间的竞争转变为供应链与供应链之间的竞争。

现代物流商务活动包括两个部分：一是自身建设的物流系统的例行化商务活动，即依据市场信息选择合适的供应商与经销商（分销商）、科学确定物流方式（路线、工具等）、科学确定仓储方式（仓库位置、库存能量等）、与物流商接洽磋商、确定谈判立场与策略、签订合同和履行合同、解决矛盾与冲突以及与物流商建立比较稳定良好的合作关系等。二是策划。在新技术变化的今天，不断整合与物流商的关系，全面提高物流效率的商务活动。20世纪90年代以来，企业价值链在全球范围内有了新的分工与整合，产生了大量的供应链设计、订单管理、零配件采购、仓储、运输、报关等供应链管理工作，从而要求有新的物流系统与之相结合才能使供应链发挥更大的作用。而有了互联网最新技术的支持，不断改进物流商务策划工作，使之与新的不断改进的供应链管理相结合，从而提高物流管理水平。

现代企业物流商务活动及其管理已非传统物流的含义所能涵盖。物流在产业结构不断升级，渐渐成为一个独立行业之时，企业物流可以"外包"给专业化物流商，但选择物流商、磋商谈判等依然要由企业去完成，毕竟在这个层面上它依然关系着企业运作中的生产成本和交易成本。

（四）无形商品的商务活动

无形商品，是指对一切有形资源通过物化和非物化转化形式使其具有价值和使用价值属性的非物质的劳动产品以及有偿经济言行等。它包括服务、金融、保险、运输、旅游、通信、技术、咨询、专利、品牌等。随着现代科学技术及产业结构的快速升级，企业无形商品的商务活动已经逐步融入企业的商务活动中，并有不断扩大的趋势。

在以知识而不是土地、原材料资本等传统要素为代表进行竞争的"知识经济时代"，企业在其商务交易活动中，无形商品交易特别是以知识、技术、信息、服务等为代表的无形商品的交易在全部交易活动中所占比重越来越大，企业创造的经济价值也日益提升。无形商品的交易商务活动，包括以上各类无形商品交易对象的选择、磋商与洽谈、谈判策略与立场的制定、冲突的处理、合同签订与履行、建立稳定的交易关系等。

无形商品的商务活动，与物质商品的商务活动相比具有以下特性：第一，无形商品的价值和市场价格并非完全由供求关系决定的。如技术商品价格，既包含该商品的现实价值，也包含潜在的长远价值。判断无形商品价值的不确定因素较多，并非完全由市场决定，而是要综合专业经验、专业知识和市场积累等多种因素来判断。第二，交易的无形商品，其中部分是受到国家有关法律或国际法律保护的，如知识产权、专利权、版权等，其交易活动必须遵守有关法律法规。第三，无形商品价值的评估往往是由第三方，即由社会咨询部门所完成的。总之，基于以上特性，无形商品的商务活动的专业技术性较强，一般是由专业人员进行的。

在知识、技术对企业的生存和发展越来越重要的今天，企业商务活动的内容和结构也在发生变化。知识、技术等无形商品的交易更加频繁，交易的范围也日趋广泛。无形商品已经在核心竞争力的构建过程中占据了重要地位。

（五）磋商与沟通的商务活动

在商务活动过程中，交易的双方由于各自追求的利益不同、各自所掌握信息的不对称、交易双方经历与价值观的差异以及对交易过程中的信用道德标准判断不同，交易双方对交易过程及结果的判断与认识必然存在较大差异。这种差异正是交易双方磋商与沟通商务活动存在的前提。

磋商与沟通作为商务活动是一项例行的活动，它是指交易双方将各自有关的想法、目的、情报、意见等进行交流、交换和共享，从而增进彼此的了解、扩大共识，进而能在一个良好的氛围中保障交易得以公正、公平地展开，实现各自"基本活动"的目的。磋商与沟通是从商务谈判开始的，谈判是其主要内容。

商务谈判是交易双方项目主持人之间的业务沟通活动，其特点为：（1）双方主持人是带着强烈的目的性坐到一起的，从这个层面上看，谈判是一种内含项目主持人对目的理性追求的行为。因此，磋商与沟通的基本目的就是认识和了解对方的目的，但是由于双方都站在各自的立场上，所以磋商和沟通的过程往往复杂而多变，需要较多时间来进行充分的沟通、磨合。（2）由于交易双方主持人之间的经历、价值观、知识等存在差异，因此磋商与沟通的过程是人与人之间复杂心理影响的过程。在理性的背后必然包含着人的情绪、情感等因素，而情感因素往往在磋商沟通中占据重要地位。有了情感交流，双方可以相互理解、相互尊重，达成共识就有了可能。

（六）合同签订与履行的商务活动

商务活动的基本形式是买卖双方的交易活动，为保证公正、公平原则的实现，必须在法律框架内来解决。"合同"是签订双方对各自的权利、义务、责任达成一致意见并在法律条款内做出明确规定，是商务活动中交易双方对各自权利与责任做出规定的法律形式。具有法律效力合同的签订与履行就成为商务活动中必不可少的一项重要内容。

商务活动中交易双方一旦达成协议，就需要通过合同的形式来确定和获得承认，并在法律的形式和框架内实现双方的目的。合同签订与履行是商务管理中的重要内容，它包括：（1）认定合同是否有效成立的条件，即认定条款和内容；（2）认定签订合同主体的资格，即法人和自然人的缔约能力；（3）认定合同的法律形式，即商务合同须采用法律规定的形式；（4）认定合同的合法性和真实性；（5）合同的签订和履行；等等。

商务合同的谈判、签订和履行，是一个完整的法律程序过程，具有很强的专业性。合同主体的签约代表不仅要具有丰富的谈判经验，也需要有丰富的法律知识与法律实践经验。因此，选择优秀的法律顾问是商务管理中一项重要工作。这样可以帮助企业减少或避免由于法律知识与经验的欠缺而出现的损失和风险。

（七）解决商务冲突的商务活动

冲突，是指人们在交往的过程中，能感到来自对方的某种抵触和差异而形成的对立，它是客观存在的。商务冲突是交易双方在经济交往活动中，由于彼此利益的对立和看法的不一致而导致的某种对立状态。商务冲突是一种客观存在，企业管理者要采取正常、有效的方法去缓解并解决冲突，从而实现商务活动的目的。

冲突是客观存在的，这是因为：（1）在经济交往过程中，常常会由于利益分配的不均衡，或对某些问题认识上的差异，或由于利益不同以及缺少协商诚意等而导致对立；（2）交易双方由于信息源不同、信息渠道不同、对信息语义的理解不同等造成的信息不完整也会导致对问题的看法不同；（3）交易双方由于社会文化背景、经历、受教育程度等不同会形成判断标准上的差异，进而导致对问题的看法不同。商务冲突的存在是客观的，对商务活动的影响是负面的，有时甚至是破坏性的。因此，解决商务冲突是商务管理中的一个重要内容。

加强商务冲突的管理，其作用是：（1）可以保证商务活动在一个规范的、良好的环境内运行，节约交易成本；（2）可以保证企业管理层有更多的精力去从事事关企业大局的工作，如战略规划的制定、安排与执行等；（3）通过有理、有利、有节地解决冲突的过程，企业可以向社会、合作伙伴、竞争者和客户展示自己诚信经营、追求双赢的经营理念，从而提高企业的信誉。

（八）商务策划活动

商务策划，是指企业在市场调查研究基础上，对商务活动未来发展的动向、要选择的内容、方式及方案做出系统地筹划与安排，从而保证企业生产经营目标和战略目标得以实现的过程。商务策划活动是一种商务创新的活动。

商务策划活动的内容主要包括：（1）在认真理解、把握企业经营和战略目标的基础上，对商情和环境进行有目的地剖析和研究，依据市场环境变化的方向确定商务活动发展的内容和方式；（2）在洞察环境变化的情况下，设计与实施新的商务活动方案，创造新商机，开辟新的发展空间；（3）洞悉商机中可能存在的风险，预先设计和落实规避风险的商务方案，保证机会的实现。

商务策划活动是带有决策性质的活动，其紧紧依附于企业的发展规划和战略，是企业战略决策的重要组成部分。战略决策是企业对所有可能影响企业总体和长期发展方向的有关事项的决策，商务策划是其一个有机组成部分。商务策划活动须注意以下几点：（1）要明确认识企业的经营宗旨、经营理念、经营范围等，特别要关注战略规划中确定的经营范围；（2）要明确认识到企业战略所确定的准备进入或撤出、发展或减少以及维持现状的产品或市场是什么；（3）要明确认识到企业各业务经营单位竞争的优势和劣势，其具体的竞争策略是什么。

总之，商务策划活动必须是在企业战略决策的指导下，围绕所要实现的经营目标，制定出指导各类商务活动的切实可行的行动方案和计划。例如，企业在竞争中要改变自身存在的某种技术方面的劣势而为此制定兼并、收购某个有技术优势企业的战略，就需要有具体的商务策划工作予以保证和支持。又如，企业某类新产品开发战略确定后，需要寻找新的合作伙伴和开发新的市场的商务策划活动来予以保证和支持。

第三节 商务管理概述

一、商务管理的概念及含义

商务管理，是指企业组织在特定的环境条件下为保证经营战略目标的实现，对商务业务活动进行计划、组织、领导、控制的过程。

我们知道，管理独立于业务活动，又为业务活动提供有效服务和管理，是保证企业组织目标得以实现的手段和方式。从本质上说，管理就是管理人员通过他人并同他人一道去实现企业组织目标的活动过程。一般情况下，管理人员并不亲自去从事具体的业务活动，而是委托业务人员去实施，自己则花费大量时间进行经营目标计划安排、组织各类资源落实、激励鼓舞和指导检查、监督业务人员的工作，从而保证业务活动能够在有组织、有秩序、有效率的状况下实现目标计划。同时，管理者还要对业务活动的效率和质量承担责任。正是在领导他人努力工作并对他人的业务工作负有责任这一点上，企业内部存在着两大类有着差异的活动，即业务活动和管理活动。

企业的业务活动在性质和方向上可以分为两大类：一类是在已有资源条件的基础上，依照企业已确定的战略经营目标，在计划的安排下依靠一定的工艺、技术、设备、人员对已有的资源进行生产、加工或经营，生产出符合计划目标要求的产品和服务；另一类则是在已确定的战略经营目标指导下，围绕着具体的经营目标，与供应商、客户、中介组织、公共组织之间进行各类资源的协调与交易，以保障生产经营具体目标和战略目标得以顺利实现。但这两类活动还是有区别的：（1）前者的活动范围是在企业组织内部进行的；后者则是在企业组织与外部相互联系的过程中进行的；（2）前者的活动是在企业组织内部利益一致基础之上的、以非货币形式进行的交换与联系，不形成交易，是纯粹意义上的局部与整体的协作关系；后者的活动是在与外部利益对立基础之上的、以货币为中介的交换关系，是纯粹意义上的交易活动。这两类活动是企业组织整体业务活动的不同部分，二者缺一不可。它们都是在企业组织战略经营目标指导下具体的业务活动，均服从于企业经营目标。

总之，商务、商务活动是企业组织具体业务活动的重要组成部分，是企业组织与外部进行交易的一类活动，与企业组织内部的生产、加工、经营活动一起有机构成了企业组织的全部具体业务活动。正因如此，对商务活动的管理与对生产、加工、经营的内部现场管理是有区别的。商务管理与企业组织内部业务活动管理的对象、性质是不同的。

二、商务管理的内容

商务管理的内容主要有以下几点：

（一）与供应商商务关系协调与处理的管理

供应商是企业组织在其经营活动过程中各类经营资源的提供者，是保障企业组织生产经营活动得以顺利、有效进行的源头。此类商务关系的协调与处理，从管理角度看分为两类：一类是业务活动过程的管理，包括劳动力和人力资源供应关系的协调与处理、工业技术知识供应关系的协调与处理、生产资料供应关系的协调与处理等；另一类是与供应商关系的战略策划，包括与供应商之间商务模式的选择与确认、供应链的纵向和横向的调整与整合、选择与建立新的供应平台等。

（二）与客户（顾客）商务关系协调与处理的管理

客户（顾客）是企业组织生产经营产品、服务的对象，是有价值的企业产品、服务的吸纳者，是保障企业生产经营活动得以顺利有效进行、实现企业目标的终端。客户、客户需求、客户需求的满足对于企业供应来说至关重要。此类商务关系的协调与处理，从管理角度看分为两类：一类是业务活动过程的管理，包括商情调查研究、消费市场调查研究、客户状况分析、品牌的构建与应用、客户交易关系的日常处理；另一类则是与客户关系的战略策划，包括与客户之间竞争与合作商务模式的选择与确认、供应链纵向与横向的调整与整合、选择与建立新的供应平台、品牌的策划与管理、顾客价值的确认与增加等。

（三）与中介经济组织商务关系协调与处理的管理

企业与中介经济组织之间的关系，随着经济发展变得愈加紧密，金融组织、保险、通信、互联网、第三方物流、咨询组织等是企业经济交往活动得以顺利、稳定、高效运行的重要保障。此类商务活动的管理，关系到产品、服务得以在尽可能低的成本范围内获得最大限度的商业利益，即企业史学家小艾尔弗雷德·钱德勒所说的"最小效率成本"，从而使企业保持竞争优势。此类商务关系的处理与协调，从管理角度来看可分为两大类：一类是业务活动过程的管理，包括与中介组织正常业务来往过程中的程序化的例行管理、金融产品的选择与协调、物流商的选择与协调、通信商的选择与协调以及与其他组织的选择与协调等；另一类是与中介经济组织商务关系的战略策划，包括与各类经济组织竞争与合作商务模式的选择与确认、对中介经济组织市场的调查与分析、与中介经济组织之间的战略伙伴关系的分析与建立等。

（四）与社会公共组织、政府关系协调与处理的管理

社会公共组织包括社会媒体、慈善机构、环境保护组织、工会（准公共组织）等。政府是宏观经济政策的制定者，又是经济关系的调节者，其财政税收政策、货币政策、产业政策、对外贸易政策等直接影响和干预企业的商业行为。社会公共组织承担着维护社会利益的义务或责任，它对企业行为产生影响的目的在于维护社会整体利益。企业正是在社会公共组织的约束下，承诺并履行着社会责任。企业组织与政府、公共组织关系的管理影响着企业组织发展的重大决策的确定、企业组织经营目标的确定与实施、企业组织与其他组

织之间重大关系的协调与发展等。此类关系协调与处理是非交易性的管理，从管理角度看分为两大类：一类是活动过程的管理，包括对政府及各类公共组织状况的研究、政府政策调整的观察与分析、与公共组织正常的交往与协调、媒体的选择与交往等；另一类则是与政府、公共组织之间关系的策划，包括重大商务业务决策的筹划与安排、观察与分析政府重大政策出台的背景、媒体的竞争与合作模式的选择、企业社会形象策划与塑造等。

第二章 商务管理的现状

第一节 商务管理面临的问题

商务是社会经济发展的必然结果，越来越多的企业开始走上商务发展道路。商务的应用为企业带来了发展机遇，但同时也给企业带来了巨大的挑战，要想更好地发挥商务的作用，企业在开展商务活动时就必须做好管理工作，为商务的发展创造良好的环境。本节就商务管理所面临的问题进行研究。

企业作为市场主体之一，是推动社会经济发展的重要力量，对加快企业的发展具有重大现实意义。在现阶段社会经济形势下，商务在企业中的应用越来越普遍，已成为企业赢得市场的重要手段。尤其是随着电子商务发展与兴起，电子商务作为时代发展的产物，它打破了经济活动在时间和区域上的限制，使得经济活动更加活跃。对企业而言，电子商务的出现既是一种机遇，也是一种挑战。在机遇与挑战并存的情况下，企业要想更好地发挥商务的作用，推动自身稳定、持续地发展，就必须加强商务管理。

一、企业发展商务的意义

商务是一种商业贸易活动，它与互联网技术的结合，可以说是时代发展的必然结果。在商务环境下，信息交流更加便捷；同时，在商务平台上，交易双方之间沟通不受时间和区域的限制，因此沟通更加便捷。另外，商务可以规范工作流程，将人工操作与电子信息处理集成为一个不可分割的整体，从而大大提高人力和物力的利用率。对企业而言，在现阶段社会经济形势下，市场竞争越来越激烈，而如何在这个竞争激烈的市场环境下脱颖而出是企业经营发展的核心工作。商务的出现为企业的发展提供了巨大的便利。在商务环境下，企业可以与客户进行无障碍的交流，取代了那些比较烦琐的程序，大大降低经营成本。同时，商务的应用改变了企业内部信息传递方式，使信息传递速率大幅度上升，管理者可以根据市场的变化迅速做出反应，进而调整经营策略，为企业创造更好的效益。

二、企业商务管理面临的问题

（一）企业的认识不够深入

就现阶段来看，企业对商务的认识还不够深入。企业一味地开展商务活动，却忽略了商务管理，没有根据企业自身的实际情况来开展商务管理工作，对商务活动取得的实际效益缺乏考核。由于管理不到位，有时会导致企业商务活动难以顺利进行。

（二）商务自身存在的风险

商务，尤其是电子商务是在互联网环境下进行商品交换的一种经济活动，在这样的商务环境下，买卖双方不需要见面就可以进行各种交易活动。网络的虚拟性、开放性，使企业在开展商务活动中存在较大的风险，如买卖双方交易过程中所产生的重要信息很容易被不法分子窃取，从而造成双方利益的损失。一旦企业商务活动出现风险，就可能会给企业造成巨大的损失，严重的还会导致企业破产。

（三）法律法规还不够不完善

目前，我国商务还处于起步阶段，与商务相关的法律法规还没有完全形成。由于法律法规的不完善，企业商务管理工作就会显得无章可循，难以高效开展商务活动。同时，由于法律法规的不完善，许多企业试图钻法律"空子"，进行不法行为，这不仅扰乱了商务市场秩序，也给企业自身的发展带来了威胁。

（四）相关人才匮乏

要想保证商务活动的高效开展，就必须依靠专业的商务管理人才，但是从目前阶段来看，企业商务管理人才还比较匮乏，现阶段的管理人才难以满足商务管理的需要。一方面，企业将商务管理工作与其他工作等同，没有区分开；商务管理工作大多是由非专业人员来负责，管理人员的专业性不够，就会影响到商务活动的开展。另一方面，作为管理人员，在实际工作中如果不能根据商务活动要求来开展管理工作，会导致商务活动中出现各种问题。

（五）信息化建设水平低

信息化建设是企业商务管理的前提和基础，就目前来看，虽然企业积极开展商务活动，但是信息化基础设施严重滞后，信息化程度比较低。企业没有意识到信息化的重要性，大多数企业在前期购置硬件设备后就没有再继续投入，随着商务活动的开展，前期购置的硬件设备也相继老化。如果企业继续采用那些硬件设备，就会影响商务管理工作的开展，不利于企业自身的发展。

三、企业商务管理对策

（一）提高认识

现阶段社会经济形势下，商务的应用可以提高企业的市场竞争力，为企业创造更大的效益。而要想发挥商务的作用，做好商务管理工作十分关键。作为企业，要在思想上提高重视，积极认识到商务管理的重要性，结合企业自身的商务发展情况，制定科学、完善的管理体系，从而推动商务活动更好地开展。

（二）做好商务风险管理工作

企业在开展商务活动的过程中，风险是不可避免的。一旦在商务活动中出现风险，就会给企业的发展造成影响。因此，企业在开展商务活动的过程中，必须做好商务风险管理工作。首先，企业要将商务风险管理上升到战略高度，提高风险管理认识；其次，要做好风险评估工作，对商务活动进行全面的评估和分析，找出各种潜在的风险因素，并针对风险因素制定应对方案；另外，企业要加强内部控制与外部联系，在企业内部控制中，要落实风险责任制，从而更好地规范工作人员的行为；在对外联系中，要全面跟踪商务活动，加强商务活动的监管，防止出现商务风险。

（三）完善商务相关法律法规

商务的发展及商务管理需要依靠健全的法律法规来创造健康、稳定的商务管理环境。现阶段，企业商务管理环境还比较混乱，而造成这一问题的根源就在于商务相关法律法规的不完善。要想促进企业商务更好地发展，相关部门就必须加快相关法律法规的制定，结合我国企业商务发展实际情况，制定完善的法律法规，以法律来约束企业行为，为企业商务管理工作提供依据，并为企业商务的发展创造良好的环境。同时，要加大商务法律法规的执行力度，坚决打击不法行为，维护企业商务市场秩序。

（四）加大专业商务管理人才的培养

现阶段，商务应用越来越普遍。企业要想在激烈的市场竞争中占有一席之地，拥有专业的商务管理人才就显得意义重大。商务的发展离不开商务管理，只有做到科学、高效的商务管理，企业的商务活动才能取得良好的效益，而要想实现高效的商务管理，企业就必须加大专业商务管理人才的培养。首先，企业要强化商务管理人员专业培训，提高他们的专业能力和水平，引导商务管理人员知识结构的转变；其次，企业要提高商务管理人才的职业素养；另外，企业也可以安排优秀的商务管理人才出国深造，学习国外先进的商务管理理念和技术，进而推动企业自身的稳定发展。

（五）加大信息化建设投入

信息基础设施是商务管理的基础，只有解决了基础问题，才能稳定、高效地开展企业商务管理工作。企业应当加大信息化建设投入，积极推动企业信息标准化工作，构建完善的信息化管理系统，理顺商务管理流程。同时，要成立权威的信息化决策与管理机构，专门负责商务活动的规划工作，将企业各部门统一纳入信息化系统中，实现各部门的紧密联系。另外，企业要从自身实际出发，逐步加大信息化投入，从而促进商务管理工作的更好开展。

（六）加大技术的研究和投入

在信息化时代里，商务的发展离不开技术，谁掌握了先进的技术谁就能够在激烈的市场竞争中更好地生存下去。因此，在企业商务管理工作中，要想促进商务更好地发展，加大对技术的研究和投入就显得十分必要。一方面，企业要加大自主技术的研究，提高商务的技术含量；另一方面，企业要加强对外联系，学习国外的先进技术，从而更好地改进商务模式。另外，以网络技术为依托的商务存在很大的网络安全隐患。为了更好地促进商务的发展，企业就必须加大网络安全技术的研发与使用，如身份认证技术、加密技术等，确保商务活动过程的安全性，从而更好地促进商务的发展。

综上所述，商务在企业中的应用越来越普遍，它已成为提高企业自身竞争力的重要手段。在商务环境下，企业经济活动打破了区域和时间限制，信息得到了共享，工作效率得到了提高。商务与互联网相结合，网络的开放性、虚拟性使得企业商务活动面临着较大的风险。面对商务带来的机遇和挑战，要想推动企业商务的稳定发展，企业就必须加强商务管理，只有通过有效、科学的管理，才能为企业商务的发展创造良好的条件，从而为企业带来更好的效益。

第二节　人工智能与商务管理

人工智能技术与商务的融合已经成为未来商务发展的主要趋势。本节主要介绍人工智能技术与商务管理相结合的现状，重点叙述人工智能技术在商务管理中的应用路径，最后阐述人工智能技术在商务领域的未来发展方向。本节内容可以为相关人员加深对人工智能技术与商务管理的认识提供一定的借鉴与参考。

在"互联网＋"以及大数据技术的支持下，蓬勃发展的商务已经成为一种新型的产业。随着商务的进一步发展，人们对这种新的商业模式提出了更高的要求。人工智能与商务管理相结合可以进一步完善商务功能，对商务发展具有深远影响。

一、人工智能与商务管理的结合现状

目前我国各大电商正在积极进行人工智能布局，通过在商务中增添智能化技术，实现智能化改造，最终提高自己在行业内部的竞争能力。例如，京东、阿里巴巴、亚马逊等已经在人工智能技术的支持下开发出了各具特色的客服机器人，并开始在物流领域全面推动人工智能技术的应用。例如，阿里巴巴研发了首个可视化人工智能平台"DTPAI"，京东也在智能化系统的基础上开发出高效文字识别系统。这些企业的实践表明，在应用人工智能技术之后，企业的客服与物流能力显著增强，商务规模迅速扩大。

从宏观层面来看，在商务中应用人工智能技术之后，网络零售的市场规模进一步扩大，根据相关调查结果显示，截至 2018 年年底，我国的网上零售额已经突破 9 万亿，其中实物商品的网上零售额已经超过 7 万亿，同比增长超过 25%。由这组数据可以看出，在人工智能技术支持下，商务快速发展，并展现出强劲发展势头。

二、人工智能与商务管理的应用路径

（一）人工智能技术加快虚拟助手的出现

每次提起虚拟助手，人们经常能够联想到手机中的"Siri"和"小艾同学"，而在商务模式下，人工智能技术已经得到了充分应用，基于人工智能技术的虚拟助手就是其中的代表。例如，在商务平台上，消费者想要查询有关商品的相关信息，可以通过虚拟助手来充分掌握商品的资料，因此虚拟助手也成为电子平台商铺常见的客服助手。与传统技术相比，虚拟助手能够进行大数据筛选，在店家商品基础上快速筛选出满足客户需求的商品，这就是人工智能技术的显著优势。除此之外，虚拟助手还可以替代人工客服来回答客户的问题，使消费者能够获得更好的消费体验，并且这种虚拟助手还能满足全天工作要求，不受时间与空间限制，方便买家进行购买和店家进行售后服务。例如，商家出售商品后，虚拟助手能够为买卖双方提供交流渠道，并根据卖方的设定来为消费者提供个性化服务。由此可见，基于人工智能技术的虚拟助手能够降低商务的人力资源成本，具有很高的经济价值。

（二）人工智能技术能够为商家提供智能化工具

在人工智能技术快速发展的背景下，智能化工具已经被广泛地应用于电商的各项生产经营活动中。研究证明，智能化工具能够充分提高线上商家的业绩。根据阿里巴巴的统计数据表明，有超过 80% 的线上商铺在人工智能的基础上使用了"生意参谋""智能化店面设计"等智能工具，在应用智能化技术后，商铺的销售额增幅超过 44%。

同时，人工智能技术还能够进一步完善商务的运作模式，例如引导线下实体商家完成"智能选品""智能选址"等工作，这取得了显著效果。例如，素型生活馆开始与阿里巴巴进行合作，在开店之前根据阿里巴巴的大数据分析结果获得本行业的关联销售以及消费排名情况，并调取店铺周围 10 公里的用户资源，了解当地消费者的消费购买意向，并通过智能分析的方法来了解消费者的属性，最终明确素型生活馆的最终商品结构与价格。实践结果证明，在应用智能化技术之后，素型生活馆的进店率增长了 5.3 倍，坪效提升了 3.5 倍，这在传统零售店中是难以实现的。

（三）人工智能为用户提供智能化服务

从电商营销的角度来看，人工智能技术已经被广泛应用在各个生产环节，为消费者提供了各种智能化、个性化的消费体验。例如，通过人工智能技术，能够获得消费者的购买习惯以及购买倾向等，最终获得消费者消费过程的"全息记录"，从而为消费者提供更加详细的商品推荐。从效果来看，这种营销模式能够为商品提供约20%的评估值。同时，智能化技术还能够提供定制化的生产模式。在生产环节，制造商能够按照电商平台所提供的销售数据来预测消费者的购买需求，并依照大数据提高平台的数据资料来实现小批量生产。人工智能能加快批次生产、模块设定等功能实现，最终进一步提高为用户提供的智能化服务水平。最后，人工智能能够为商品提供智能化定价。在商务管理中，通过人工智能技术获得消费者的详细购买资料，不仅能够确定消费者购买习惯及购买倾向，还能够根据消费者的消费习惯来指导竞争厂商定价，并对商品预期利润等情况进行分析，基本实现了动态定价。

（四）人工智能加快电商智能化储存的发展

对于电商而言，智能化储存已经成为未来发展的主要趋势，受智能化趋势的影响，电商平台的储存效果更高，并且在电商平台投资的智能仓库、智能储存机器人等技术的支持下，相关技术的智能化有了新的发展。

例如，智能化仓库的使用能够降低电商的运营成本，使商品可以在更短的时间内交付，并且根据仓库中各种物资的变化情况，计算各种物资的出入库状态，最终实现对仓库的有效管理。这种智能化技术并不是单一的，其中还包含了仓库温度监控技术、安全管理技术以及交通可视化技术等，进一步提高仓库管理的整体效果，保证仓库储存的安全性。智能储存技术还可以与移动 App、条码扫描技术结合在一起，利用目前快速发展的 5G 技术以及智能算法，进一步增强对各类物资管理信息的编辑与处理。这样在相关手机 App 的支持下，工作人员能够随时完善仓库的管理路径，增强管理水平。

三、人工智能技术在商务管理中的未来发展趋势

（一）需求驱动人工智能技术转变模式

近些年我国人工智能技术发展迅速，这与云计算、大数据等技术的突破以及 NPU、CPU 等芯片技术的发展存在密切联系。为了更好地适应未来商务的发展要求，未来人工智能技术将会在商务领域得到进一步发展，最终使商务具有更强的适应性。在这种大环境下，人工智能与商务的结合更多地体现需求导向特征，需求驱动人工智能技术不仅要关注各类金融信息的交互，还要关注消费者的产品体验，这样不仅可以提升交易效率，还能降低运营费用。因此，从未来发展的角度来看，人工智能技术使商务服务与产品进一步贴近用户、贴近场景、理解用户的需求，不断地推出能满足不同用户需求的实际解决方案，而不只是一个技术产品，因此能够在技术上实现显著突破。

（二）人工智能技术由 B2C 向 B2B 发展

现阶段我国的人工智能技术在电商领域主要集中在 B2C 领域，这是因为大部分的电商产品具有商品价格稳定、质量规格统一的特征，所以此时人工智能技术的功能主要体现在直接的运营操作上。相比之下，B2B 更加关注商品的质量以及价格，使人工智能技术具有更广阔的发展空间，这将成为人工智能技术未来发展的主要趋势。

人工智能技术与商务的结合具有广阔的发展前景，因此各企业应该积极探索人工智能技术发展的新路径，发挥人工智能技术的优势，这样才能全面提高商务整体发展水平。

第三节　经济法与企业商务管理

近些年随着我国社会经济的迅速发展，市场经济体制不断改革，市场竞争越来越激烈。国家也制定并出台了相关的经济法律，这些经济法律的制定和实施可以更好地确保我国经济活动的有序开展，同时也可以为企业营造更好的经济环境，并在一定程度上缓解各大企业主体之间的利益冲突。因此，本节对经济法在现代商务管理中产生作用的主要依据进行了分析，并详细阐述经济法在现代企业商务管理中的具体应用。

一、经济法在现代企业商务管理中的内涵

首先，经济法在应用过程中主要追求公平、价值取向和效益，这也是经济法应该具备的内涵。经济法作为一项法规，公平是其最为明显的特征，无论谁因为什么原因触犯了法律都必须接受法律的惩罚和制裁。经济法的制定在一定程度上还可以促进我国各项社会经济活动更加稳定地发展，从这个角度看，经济法就是为实现企业经济效益最大化而制定的。其次，要想使经济法的作用机制得到有效的发挥，就需要国家政策的宏观调控，国家通过出台相关政策和规范对市场活动进行有效的管理，保证经济效益的实现和满足，同时对社会经济活动起到很好的协调作用。最后，经济法属于公法范畴，但是在实际实施时又属于私法领域，所以不能只是依靠公法，而应该将公法和私法紧密结合，将经济法作用充分发挥出来。另外，经济法必须服从于市场价值取向。经济法在现代企业商务管理工作中具有一定的干预和调节作用，可以更好地避免各种违法乱纪行为的发生，同时还可以及时弥补和纠正市场功能不足，但是经济法并不能取代市场机制。如果市场的经济活动发生混乱就会严重影响人们的正常生产生活，波及其他多种类型的商品经济时，这就需要国家进行宏观调控，而经济法就是最为主要的一种调控方式。国家通过制定相应的法律法规，对违法的经济活动进行规范。

二、经济法在现代商务管理中产生作用的主要依据

在现代化企业商务管理过程中，经济法发挥着十分重要的作用，这主要是由经济法自身特征所决定的，具体体现在以下几个方面：

第一，经济法是在商品经济不断发展过程中产生的，如果商品经济发展比较缓慢，各项经济活动也就相对比较滞后，在这种情况下就无须颁布相关法律法规对经济活动进行严格约束。但是随着商品经济发展速度的不断加快，市场当中各项经济活动频繁，经济活动不规范、损害他人利益的现象也就越来越多，这就需要制定相应的法律法规对各项活动进行严格约束，这样才能保证市场的有序性，从而产生了经济法。

第二，经济法在市场运营过程中发挥着众多作用，其中非常关键的作用就是可以对市场经济进行调控，从而更好地促进我国社会经济长久稳健地发展。现如今随着经济全球化的飞速发展，市场竞争越来越激烈，整个商业环境也日趋复杂化。在这种大环境下，要想保证各项经济活动顺利开展就必须不断建立健全经济法，通过经济法对经济活动进行有效的约束和规范，实现国家对社会经济发展的合理调控，促进市场经济的可持续发展。

综上所述，经济法从字面意思就可以看出，经济是经济法当中最为核心的一项内容，经济活动其实就是由众多不同的经济形势所组成的一个共同体。例如，复杂多样的经济主体、经济关系以及经济资源等。只有不断优化和完善经济法才能实现对各项经济活动的有效调节和调控。但是在具体实施过程中，必须将经济法充分落到实处，如果发现市场当中存在违法行为，就应该对其做出惩处，从而不断提高市场运营效率和质量。

三、经济法在现代企业商务管理中的主要表现方式

经济法是国家在社会经济活动中的一种法律干预形式，是国家干预经济的一种非常重要的方式，也是国家对市场机制缺陷进行矫正的方式，可见其在我国社会经济发展过程中发挥着十分重要的作用。经济法在现代企业商务管理中的主要表现方式体现在以下几个方面：第一，科学管理市场；第二，宏观调控；第三，社会保障。经济法在现代企业商务管理中的服务范围就主要体现在这几个方面，主要是通过国家干预的方式对经济进行调控，从而有效避免利益冲突的发生，真正实现社会多个主体之间的相互平衡。

四、经济法在现代企业商务管理中的应用

（一）经济法在企业所有权和经营权中的应用

在众多现代企业实际运营过程中，难免都会涉及所有权和经营权问题，而且所有权与经营权和企业实际经济效益的获取有着非常紧密的联系。在企业商务管理过程中，必须要聘请专业人员才能有效提高实际管理成效，这种经营模式经常会导致企业经营权和所有权

之间的分离，如果所有权和经营权不够明确，则容易产生混乱现象，就会使企业日常管理工作出现混乱并难以开展，这不仅会造成企业资产的严重流失，甚至还会影响企业的长久稳健发展。为了避免此类现象的发生，保证企业各项经济活动能够有序开展，国家相关部门就必须要不断完善经济法。例如，我国湖南凤凰古镇旅游景区，在不同部门进行管理的情况下，企业基本上可以说没有经济效益，但是将经营权承包给某一企业之后就逐渐好转，经济效益逐渐增加。由此可以看出，将企业的所有权和经营权进行分离，并充分发挥政府管理部门的主导作用，可以为企业创造更大的社会效益和经济效益。但需要注意的是，在此过程中必须严格按照国家相关政策和法律法规进行，通过经济法严格规范企业的经济活动，尽可能避免企业经营权和所有权不明确现象的发生，维护好国家和企业的利益。

（二）经济法在保护知识产权中的应用

实践表明，在企业运营过程中，经济法对知识产权具有非常有效的保护作用。企业知识产权包括一些核心专利技术、核心数据、商标、商业机密以及著作权等多个方面，只有不断建立和完善相关法律，才能为知识产权保护活动奠定坚实的基础。近些年我国国民经济飞速发展，科学技术水平不断提升，市场中的竞争也越来越激烈，各大企业之间的竞争其实就是人才和知识的竞争，所以做好知识产权保护工作对企业未来的发展具有十分重要的作用。在企业发展过程中，部分企业为了获取更加有利的市场地位而采取一些不正当竞争手段，如盗取其他企业的研究成果或核心技术。这种现象时有发生，不但给企业声誉带来了严重损害，而且破坏了整个市场的良性竞争环境，因此国家相关部门需要制定详细的专利技术保护规范和法律，为企业保护知识产权提供可靠的法律依据。随着时代的不断发展，人们自身保护意识不断增强，企业对自身知识产权的保护也越来越重视，国家也在不断完善有关知识产权方面的法律法规，从而营造一个公平公正的竞争环境，为市场竞争的开展提供一个良好的环境。

（三）经济法在企业公司体制改造中的应用

企业想要实现长久稳健地发展，就必须根据市场变化不断改造升级原有的公司体制，结合实际运营过程中存在的各种问题，采取相应的解决对策，合理应用经济法可以对改造升级过程中遇到的各种困难进行有效解决。例如，企业可以通过经济法对公司股权结合方面做出一定的调整，如果股权过于集中，在一定程度上可能会影响企业的正常运营。目前我国经济法对企业改造形态、步骤以及模式都做出了非常明确的规定。除此之外，经济法还可以对股权不平等现象进行有效处理，从而最大限度地保证了股东们的合法权益。在具体改造升级过程当中，企业要坚持同股同权原则，从而保护每一位股东的合法权益。合理利用经济法，不但可以有效减少此类现象的发生，同时还能实现对企业法人治理结构的有效监管。股东会、董事会以及监事会三者之间存在相互制约和协调的关系，如果缺少股东会就会导致企业管理结构的混乱，因此就应该合理利用经济法实施严格的监督管理。

（四）经济法在商务中的应用

近些年我国社会经济快速发展，科学技术水平不断提升，特别是互联网时代的到来更是给各大行业带来了巨大的挑战和全新的发展机遇。在此大环境下，企业想要不被激烈的市场竞争所淘汰，就必须要更好地适应时代的快速发展步伐，对实际运营过程中遇到的各种问题采取相应的解决对策，要想真正实现商务经济模式的长久稳健发展，就需要经济法对一切经济活动的交易内容和双方的责任与权益做出明确规定。

总之，随着我国国民经济的快速发展，市场竞争环境日趋激烈，国家相关部门只有不断构建和完善经济法才能更好地促进企业稳健发展，维护好整个市场的经济秩序，保证各企业的合法权益，为企业之间的竞争营造一个公平公正的环境。

第四节　信息技术与商务管理

商务是在信息技术的基础上进行的一种商业活动。商务是商务管理的研究课题，是互联网经济下的一种商业行为。时代背景下的新型经营活动代表了未来经营活动的发展方向，是传统经营活动内容的根本性改变。商务活动的发展离不开信息技术的广泛支持。随着信息技术的不断发展，商务活动也在不断发展和完善。本节对信息技术下的商务管理略做探讨。

商务是以信息技术为基础的商业活动，包括生产和分类以及所有资讯课程。信息处理需要信息技术的有力支持。目前的信息技术取决于互联网技术、互联网相关信息技术、Web搜索技术、电子支付技术、安全技术、数据库技术和中间件技术等信息技术，如"物流配送技术"，该技术已得到广泛应用，其中一些技术在应用过程中不断发展和完善。由此，信息技术变得越来越成熟。

一、信息技术概述

（一）信息技术的概念

信息技术是一种能够扩展人类信息功能的技术，是计算机、网络、广播电视等各种软件、硬件设备和科学方法的统称，是获取、处理、存储、传输和使用信息的技术。信息技术的出现和应用是人类社会进步的重要标志之一，它结合了信息产业的各种事物，突破了信息在时间和空间所受的限制。信息技术与商务相结合，能全面管理商务各部门的业务。

（二）信息技术和商务的关系

信息技术的不断进步，推动了商务的改革创新。网络技术作为发展商务的关键技术之一，其只能在互联网平台上进行，商务的发展状况与网络技术息息相关。

二、商务应用信息技术的具体分析

信息技术在商务中的应用弥补了传统商务的缺陷，打破了时空限制，消费者能够及时掌握利用产品的信息情况。信息技术和商务的融合可以在产品营销中实现，也可以促进产业间的交流和产业链的形成。例如，产品、行业、消费圈利用电子信息，不仅促进了我国经济的增长，而且带动了经济的多元化和多样性。

（一）网络技术的应用

网络技术在本质上并不属于商务专业技术的范畴，它应用于办公活动。传统的商务管理是一种单一的活动方式，获取信息的速度较慢，范围相对狭窄。由于缺乏时间和空间的约束，不利于经济发展。因此，商务活动的发展需要互联网技术的支持来创建一个互联网交易平台，这意味着互联网技术对商务的发展起着至关重要的作用。

（二)web 技术的应用

目前，互联网技术被广泛用作网页浏览，许多网络用户已经采用和使用超文本标记语言（HTML），该文件需要超文本传输协议（HTTP）和网络浏览器使用 HTML 文本。用户可以通过 web 浏览器获得 web 服务器上的信息，然后通过暂停状态或交互向用户显示。在业务、账户和其他角色之间移动做商务时，必须使用网页浏览技术提交。随着我国商务的迅速发展，信息只使用 HTML。无线标记语言（XML）和商业可扩展标记语言（CXML）是在人们对当今商务业务的发展速度不再满意的情况下建立起来的。当今人们对虚拟现实浏览器和时代提出了更高的信息要求，随着技术的发展变得越来越重要，这两项技术受到了很多人的欢迎。

（三）电子支付技术的应用

电子支付是指客户在网上购买商品，然后在网上对其购买的商品进行在线支付。总之，电子支付是货币支付过程的完成，而不是一种支付过程。然而，电子支付需要大量的技术支持才能成功。电子支付技术在商务中扮演着重要的角色，而其中信息技术所起作用的发展不容忽视。

（四）中间组件技术的应用

企业要想快速构建一个应用系统，提高效率和可靠性，可用性强，适合大多数用户以及能够满足安全需求，这些问题不能仅靠网络技术来解决。要解决这些问题，可以基于网络的底层技术来设计网络，构建和创建一个支持平台，并在互联网上使用，应用程序开发、部署和管理可以合理地解决这些问题。一种方法是中间组件技术，安全平台、通信平台、综合服务平台都是中间组件系统要考虑和重视的一部分。

（五）物流配送技术的应用

物流技术是完成物流任务最有效、最合理的途径。商务和传统商务活动的业务流程没有本质区别，它是信息流、商流、物流、资金流的固定组成，在商务过程中，人们的信息、商流和现金流相对比较完善，但是忽视了物流的电子化。传统的物流方式仍然是现在完成物流的主要方式，但随着商务越来越受欢迎，要想推动物流的发展，必须认识到商务的重要作用，并加快发展。电子信息技术在物流工作中的应用（如基础设施）与发达国家相比差距还很大，也不完善，商业效率相对较低。配送机制是我国商务发展中最大的问题，所以我们可以借鉴国外先进的物流技术，完善我国物流体系的建设。多年的发展实践告诉我们，必须建立完善的物流配送体系，如可以利用机械化、自动化工具、网络、计算机等提高物流配送效率。特别是在网络购物高峰期，物流瘫痪的现象告诉我们，必须以快速高效的信息技术来支撑这一系列商务活动的顺利完成。因此要学习美国的物流体系建设，并在物流过程中充分展示机械化、自动化、通信网络、机械化等现代化信息技术，只有这样我们才能实现真正意义上的"货能畅其流"，才能有利于我国商务行业的快速发展和完善。

（六）数据库技术的应用

在商务中应用数据库技术，可以对各种数据进行收集、存储、分析和组织，这是商务数据库的关键功能之一。商务的应用必须通过支持公司的部分生产管理活动来提高公司的管理能力。此外，商务的分流还可以防止由于硬件和软件故障导致的正常交易失败。因此，只有关注商务的需求，引进先进技术，才能真正体现其价值。

三、商务应用信息技术管理的优势

（一）提高管理效率

在商务管理过程中利用电子信息，可以突破时间和空间的限制，节约时间，降低成本，增加人与人之间的沟通和交流，提高企业管理的效率。

通过支持信息技术，可以节省管理时间，打破距离约束，保证管理信息的传递速度和执行力，提高商务管理水平，促进公司发展。

（二）提高公司财务管理水平

在商务管理领域，由于有信息技术的支持，商务管理中的信息技术可以分析市场经济的变化方向，准确识别市场发展趋势，提高自身管理能力。同时，商务的财务管理是企业的重点，建立信息系统可以保证信息数据的及时性、整体性和准确性，进一步降低成本，提高经济效益。通过有效的检查和监督，确保财务信息管理和建设的落实。

（三）强化政府监督管理

在进行商务管理的过程中，政府部门必须加强商务的监督和管理，同时还可以通过商务完成政府采购。使用网络和数据完成政府相关工作报告的发布和公示，提高政府工作效率和质量，改善政府业务服务的科学性和有效性。此外，信息技术在政府对民众和网络舆论的监管上也起到至关重要的作用，可以及时有效地获取到民众需求，进而高效地解决一些存在的社会问题。

四、商务活动的内容

（一）企业之间的商务活动

企业之间的商务主要是通过企业之间的互联网进行订购、付款和开具发票、收据等流程，就是所谓的 B2B 业务。因为商务对国民经济的发展有很大的影响，商务的存在使其能够更快地开展业务，同时也减少了交易的时间成本和资金成本。双方企业在商务的交易模式下完成复杂的业务流程，以提高企业的工作效率，因此企业可以通过应用商务来提高内部管理的效率，可以让企业的业务流程更加信息化、科学化。

（二）政府和企业之间的商务活动

政府商务活动包括各种工作。例如，政府使用互联网来发布购买清单等信息，相应的企业接收到信息之后进行回复。相比之下，这种形式的应用在中国很少见。但随着商务的普及和广泛应用，我国政府在商务应用方面也取得很大的进步，以此提高政府工作效率。

商务的内容是商务管理的主题，也就是商务管理的对象。它需要互联网技术、web 技术、物流配送技术、数据库技术、电子支付技术、信息安全技术、中间件技术的合理应用来支持商务活动的开展，建立一个合理、安全、快速的互联网信息平台来实现商务活动的正常运转。通过信息技术使传统商业活动更加信息化、科学化，一定程度上促进了传统的商业活动的发展。这一发展为传统商家提供了一个互联网平台来销售他们的商品。如果没有信息技术的支持，很多商务工作将无法顺利进行。

第五节　大数据背景下的商务管理

随着大数据时代的来临，企业的商务管理信息化程度越来越高，并逐步实现智能化。在大数据背景下，信息的流通速度越来越快，流通渠道也越来越多，对商务管理的方法、模式影响也越来越大。因此，在大数据背景下，各个企业开始将竞争阵地转向网络平台，并不断扩充自己的业务范围。企业商务管理的综合能力必须不断提高，才能促进企业的长远发展。

大数据影响着社会生产、销售、分配等领域，也影响着我国经济发展的方式和速度。对企业来说，大数据影响着其商务管理，决定着企业未来的发展战略。企业需要在商务管理方面不断做出调整，以适应大数据背景下社会的发展需要，只有这样才能使企业在社会上有立足之地。

一、发展现状和趋势分析

（一）仓储管理方面

在传统的仓储管理中，企业主要采用手工的方式进行，不仅需要频繁地对进出货物进行记录，还会因为任务繁重而导致错误率上涨，而且手工管理方式的效率很低。采用人工的方式进行仓储管理，还可能因为人员素质不高，出现伪造数据、篡改数据等情况，从而影响管理的有效性。在这样的情况下，管理维护需要很高的成本，收货、验货、发货的准确性也会受到影响。如果出现延迟交货，不仅会增加仓储成本，还会增加客户的流失率。并且，采用手工方式对仓储进行管理，无法快速查询库存信息，管理人员无法有效地开展仓库作业。但在各种技术不断发展的背景下，仓储管理已经实现数字化、自动化，再加上条码、射频识别（RFID）等技术的应用使大数据背景下的仓储管理会逐渐实现智能化，以提升数据分析的速度。

（二）营销管理方面

在传统的营销方式中，媒体营销所占的比例是非常大的，但是在媒体的受众中，能够转化为实际消费者的人数有 5% 左右，这种营销方式的效果并不理想。但通过使用大数据技术，在移动终端进行营销，已经成为各中小企业的主要营销方式。在企业未来的商务管理中，利用信息技术、计算机技术等，可建立并完善客户管理系统，实现对客户流的实时监测，通过对潜在客户的具体需求进行深入分析，进一步提高营销的精准度。寻找目标客户需要三个步骤：首先要采集数据，也就是将所有用户的信息搜集起来；其次要对所搜集的数据进行分析，也就是对用户打上标签，并利用指数对用户进行评价；标签说明用户对企业产品有兴趣，指数则表示用户对产品的需求程度以及用户会购买产品的概率；最后要将标签综合起来进行研判，从而对目标用户群有更充分的了解，以达到精准营销的目的。

（三）客户管理方面

在企业的运营过程中，客户管理是非常重要的环节，企业如果能够实现客户管理的智能化，就能对客户资源进行优化，完善企业的供应链。随着大数据技术在企业客户关系管理中的应用，许多企业已经建立起客户管理平台，将企业的所有客户资料搜集起来，并集中在平台中，对客户信息进行统一管理。在未来的商务管理中，企业会以未来的发展方向和目标为依据，设置分析指标和参数，以迅速得到分析结果，从而提高客户管理的效率。并且，利用大数据技术，还能够对企业的工作流程进行优化，变得更加合理，使企业能够更加顺利地开展各项营销活动。

二、完善策略分析

（一）提高社会资本结构的完整性

社会资本结构是指人与人之间的关联度和信任度以及在丰富的互联网资源中，人们能够为商务的发展所做出的贡献，这就要求人们需要对价值做出正确的判断。在大数据技术应用背景下，企业的商务视角会受到影响，需要变得更加宽广，并且在大数据技术的作用下，企业在设计商务产品时，其灵感来源会更多，所设计出的产品类型也会更多，并以此推动企业营销活动的发展。在大数据技术应用背景下，需要挖掘出更多的媒体平台，并将这些平台进行推广，以增加企业与消费者之间的交流沟通。在各种平台得到推广和应用后，消费者的产品购买渠道才能够得到拓宽，而企业也可利用互联网平台不断地对产品进行创新。只有提高社会资本结构的完整性，才能使企业通过各种平台学习了解市场的实际需求，从而使自身设计的产品更具针对性，使其能够快速获取市场占有率。

（二）提高企业外部数据的融合深度

企业的外部信息有两个方面：一是企业的生产、经营等方面的信息，包括价格信息、订单信息等；二是企业在生产、经营过程中所使用的市场信息、环境信息，包括客户对企业服务满意度的反馈、市场对产品的实际需求、原材料的价格波动情况、顾客的消费习惯、国家政策变化等信息。在传统的企业管理中，各类信息之间是相互独立的，上游企业信息与下游企业信息也是相互分隔的，各类信息难以集中。随着大数据在商务中的应用，企业在未来的商务管理中，应将整个供应链中的信息进行深度融合，并通过信息管理平台进行统一管理，将合作者的信息系统对接起来，从而促使企业不同信息系统之间实现相互连接。通过这样的方式，才能够促成接口的标准化，实现上游企业的信息与下游企业的信息之间的自动交换，从而为企业决策提供更多有价值的参考信息，并提高合作企业之间的信任度，促进企业的长远发展。

（三）提高企业内部数据的融合深度

市场经济体制下，企业的内部数据包括生产、仓储、采购等方面的信息，如生产技术、库存信息、采购数量和价格等，还包括与企业内部员工的生活、工作、学习等方面有关的信息。因此，这些数据构成了企业的知识，也是企业内部重要的沟通信息，而在这些信息中就包含着能够促进企业发展的重要信息。所以，在大数据应用技术背景下，企业未来的商务发展主要是加快上述这些企业内部数据的深度融合，改变企业的业务流程，提高其集成化程度，使企业在未来的发展中，能够通过专业的企业系统将分散的业务集中起来，提高各部门之间的协作能力，进而提高企业的整体决策能力。在企业的业务流程得到优化、决策能力得到提高后，企业的整体管理效率才能得到相应的提高。与此同时，只有通过对企业的管理模式进行创新，才能增强企业的综合实力，使其在市场竞争中更具优势，从而提高企业在市场中的占有率，在日新月异的市场环境中，企业才不会因为落后而被淘汰。

综上所述，信息技术不仅影响着人们的生活方式，还影响着企业的商务管理模式。尤其是在大数据技术应用背景下，企业充分利用信息技术，无论是在仓储管理方面，还是在营销管理和客户管理方面，都能提高管理效率。因此，随着大数据技术在商务管理中的应用，社会资本结构日趋完善，企业外部数据和内部数据的融合程度都会更高，这样有利于促进企业的长远发展。

第六节 国际商务经营与跨国管理

在经济全球化的背景下，我国的国际商务也得到了一定程度的发展。不同国家在展开国际商务活动时，它们各自的文化也会发生碰撞和融合，这些都会在某种程度上对企业国际商务与跨国公司的管理工作带来影响。一直以来，这种影响并不被人们所重视，但是对跨国企业来讲，这种文化差异是他们进行内部管理工作的一个侧重点。本节主要从跨国公司国际商务角度入手，重点探讨跨国企业在国家文化方面的差异，并进而讨论我国企业国际商务的经营和跨国管理等问题。

在全球经济一体化的趋势下，尤其是"走出去"战略实施后，我国开始力推企业走向全球，并采取相应的措施，加快了我国企业开展国际商务和跨国管理的脚步。但从现阶段来看，虽然我国企业已经开始向国际化发展的目标迈进，可是大多数企业在发展国际化的过程中依然面临着许多棘手的问题，其中最为典型的是企业在国际化商务和跨国管理上有待进一步完善。企业自身存在不足，更重要的是企业在开展国际商务和跨国管理时经常忽视管理创新，没有深入地对国际商务经营和跨国管理展开探究，导致一部分企业在实行国际化战略时无法充分开展。这就意味着我国企业从现在起要对国际商务和跨国管理的创新、改革等给予一定的重视，尽可能地参与到全球经济一体化进程中，进而确保企业国际商务和跨国管理发展的长远发展。

一、我国企业开展国际商务和跨国管理的意义

目前在国际贸易更加重视的前提下，我国开始逐渐出现大量外贸企业。对于企业来讲，提升自身国际影响力和竞争力的主要举措开始转向了国际商务经营和跨国管理，尤其是站在"一带一路"倡议的角度上来分析，这在很大程度上加快了我国企业向国际化方向迈进的脚步。在此过程中，企业一定要充分重视国际商务和跨国管理的问题。首先，企业在进行国际商务和跨国管理等工作时，要增强自身在国际中的整体竞争力。从目前来看，我国的大多数企业在实行国际化经营时，普遍缺少深入分析，尤其是我国"国际化"的时间并不是很长，企业还没有完全"走出去"，所以在国际商务和跨国管理等相关问题上经验不足，

这也就从侧面表明企业要重视国际商务和跨国管理等问题，寻找真正切实可行的经营和管理方式，提高国际竞争力。其次，企业根据强化国际商务经营和跨国管理等问题，可以加快经营管理创新的脚步，而且对其展开深入研究还能帮助企业高效地灵活运用国际商务环境，全面分析当前国际情形，并在国际化经营中做出冷静判断。长此以往，企业就会越来越熟悉国际商务和跨国管理工作，进而有条不紊地开展创新工作。

二、我国企业在开展国际化运营时存在的几个问题

虽然现在我国大多数企业开始重视国际化经营过程中的商务经营和跨国管理，可是依然存在很多的问题，这从某种程度上对企业国际化发展造成了一定的影响。其中，最为突出的问题主要有以下几方面：

（一）经营管理体系有待完善

完善的经营管理体系是企业进一步展开国际商务和跨国管理的重要支柱。但是，目前许多企业在实行国际化运营时，并没有一个完善的管理体系。例如，许多企业对解决国际贸易争端等问题没有完全重视，一旦发生国际贸易争端，就会出现措手不及的现象。另外，还有一部分企业在展开国际化战略的过程中，对"本地化"经营有所忽视，对所在国的政治、文化、经济等问题没有深入研究，尤其是有的企业在开展国际化战略时忽视人才的培养，导致缺乏擅长国际经营管理能力的人才，这会对我国企业的国际经营和跨国管理造成影响。

（二）经营管理的理念缺少创新力度

理念起着先导性的作用。我国企业在开展国际商务和跨国管理工作时要想取得绩效，就要看清形势，在经营管理理念上寻求创新。现阶段，我国的大部分企业在开展国际商务和管理工作时存在制约，其中最为关键性的是在技术上与发达国家相比存在一定差距，我国企业在国际商务和跨国管理上一直对技术创新的重视力度不够高，依然将重心放在销售这一模块上，所以我国的国际商务的管理工作很难真正做到与国际化竞争相适应。此外，还有一部分企业在开展跨国经营时，常常不注重创建"跨文化"体系，从而发生许多问题，阻碍企业国际商务和跨国管理的前进脚步。

（三）经营管理模式相对落后

企业在开展国际化业务时，一定要注意与全球经济一体化趋势相适应，努力寻找合理化的经营管理方式。目前我国的大多数企业尤其是中小企业，在国际商务经营和跨国管理过程中缺乏科学性，部分企业由于没有对国际市场展开深入地调查和分析，加上信息不平衡，造成供给和需求之间发生冲突。部分企业国际商务运营过程中不注重使用最新科技，例如没有使用大数据技术和跨国物流等来进行国际商务和跨国管理。另外，有的企业进入国际市场的方式经常过于单一，例如直接出口的规模远大于间接出口的规模，又如企业在

步入国际市场的进程中，缺乏灵活使用契约进入模式和投资进入模式这两种方式，这些都会对企业的国际商务和跨国管理工作造成一定的影响，进而阻碍企业顺利实行国际化战略。

三、我国企业开展国际商务经营的侧重点

（一）树立并实行国际商务管理目标

在全球经济一体化的影响下，我国企业制定并实行国际化战略目标充满着挑战和艰辛。企业要考虑的因素主要有：第一，企业要灵活面对复杂多变的国际商务大环境；第二，企业要对国际上参与竞争的企业能力进行客观分析；第三，企业要有效处理非市场因素对企业造成的影响；第四，企业要采取正确的经营方式来应对国际市场，提高自身竞争力；第五，企业要对自身的生产能力与现阶段的国际需求有充分了解。

（二）创建并实施国际商务管理策略

在国际竞争中，我国企业一定要遵循适用性和合理性原则，并从实际情况着手，选择恰当的方式防范风险。对于企业来讲，一旦变成国际市场中的竞争者之一，首先就要确定好自身在国内和国际环境中的地位，也就是说企业在投身到国际竞争之前要提前对国内的经济环境和国际的经济环境作出全面分析。

（三）创新国际商务管理模式

对企业来讲，国际市场中的管理尤其是营销管理在国际商务管理中一直扮演着极为重要的角色。怎样准确定位一个产品、怎样更好地对产品展开促销、怎样为产品设计广告等，对企业的国际化发展都是十分重要的。此外还要了解国外竞争企业，要对市场具体情况展开分析等。企业要严格以自身掌握到的材料为准来规划企业，并定制能够有效提升企业竞争力的措施和决策，创新科学管理，加快企业创新升级。

四、强化企业开展商务经营和跨国管理的举措

（一）创建完善的经营管理相关体系

要想提升企业整体国际商务和跨国管理能力，最为关键的就是要创建完备的国际商务经营和跨国管理体系，该体系不仅要具备一定的基础作用，更重要的是要具有极强的可行性，企业一定要充分结合实际制定经营管理体系。企业在展开国际化经营时，最好成立"海外事业部"等专职部门，主要职责是处理国际商务经营和跨国管理相关工作，并配备素质过硬的管理人才。此外，企业还要重视"跨文化"的创建经营管理体系，并在考虑自身成本的基础上加快"本土化"的经营管理，对当地的文化风俗及与国内文化之间的不同有所了解，并做到求同存异。

（二）创新企业的经营管理理念

企业在开展国际化经营时，首先要熟悉国际商务运营和跨国管理的理念，这样企业发展才会取得最佳的效果。这也就意味着企业要深入研究国际化经营和跨国管理工作，尤其是在全球经济一体化的背景下，寻找与企业本身发展需求相适应的、可以帮助企业提高竞争力的国际化运营和跨国管理策略。此外，由于企业自身的经验不足，企业在进行国际化经营和跨国管理工作时，要学习那些跨国企业的先进管理理念和策略，并有效地将其与自身具体情况相结合。

（三）完善经营管理方式

企业在运用国际化经营策略时，要重视创新经营管理模式，以便达到国际商务经营和跨国管理的具体需求。在走向国际市场过程中，企业可选择多元化战略。企业要迈向国际市场，首先要从自身具体情况出发，进行科学化的设计。国际市场中的管理尤其是商标管理对企业来说至关重要，为产品展开定位、促销产品、设计产品广告等也十分重要。除此之外，还包括对市场展开详细分析，对国外的竞争企业进行客观分析等。以在此基础上掌握的全部材料为依据，来规划企业的生产并制定相应的战略，使企业的经营管理模式得到完善和优化。

总之，在"一带一路"倡议和经济全球化趋势背景下，企业在经营管理模式创新方面存在机遇，但是企业的国际商务运营和跨国管理依然存在着许多问题。对此我们一定要充分地重视，尤其是那些现阶段亟待解决的问题，主要包括创新管理理念、完善跨国管理体系以及改善管理模式等三个方面，尽可能地提升企业的国际商务运营和跨国管理能力，确保企业可以顺利实行国际化发展战略。

第三章　电子商务时代的经营管理

第一节　电子商务时代的企业经营管理

随着科技的发展以及商务时代的到来，企业经营管理也进入了一种全新的模式。网络技术开启了互联网时代的浪潮，人类社会进入了网络经济时代，这使企业管理方式发生了巨大的变化。因此，本节针对电子商务时代的企业经营管理来进行探讨，希望对我国企业经营管理工作的开展起到一定作用。

一、电子商务对企业经营管理的意义

现代化的网络技术诞生了商务技术，企业在发展过程中能够通过商务技术实现更加便捷高效的交流，从而在开展商务活动的过程中有效地拓展商务活动的交流空间。企业通过商务形成的交流主体，客户和企业之间能够形成一种跨空间的商务交流，降低商务会谈的成本，使企业能够通过互联网，采用商务的形式开展商品的宣传，从而完成对企业的经营管理。与传统的企业宣传工作相比，商务借助互联网能够更好地开展对商品的宣传，能够以极低的广告费来进行商品信息的传播，客户可以根据自身的需求在互联网上选择适合的商品，并且拥有了更多的商品选择空间。商品在选择的过程中被用户大量浏览，因此增加了商品的交易次数，使企业能够获取更大的经济利益。互联网还能够帮助企业分析市场行情，企业通过对用户喜好以及需求的分析，设计出更加符合用户需求的个性化产品，从而增加产品的竞争力，促进企业更好地发展。

无论是过去的传统商务时代还是如今的电子商务时代，企业之间的竞争都是供应链的竞争，在以往的商业竞争活动中，由于供应链之间流通时间太长，过程太复杂，因而造成了严重的资源浪费。在电子商务时代，企业供应链的环节能够得到有效简化，从而减少了资源浪费现象的发生，企业能够在经营管理工作中，通过互联网的形式进行资源分配，企业管理成本大大降低，能够获得更大的经济效益，促进企业的可持续发展。

二、现阶段基于电子商务的企业经营管理创新

（一）电子商务的供应链管理创新

所谓供应链，是指产品生产和流通过程中所涉及的原材料供应商、生产商、批发商、零售商以及最终消费者组成的供需网络。企业从购置原材料到将产品送到客户手中，是供应链的整个过程。企业要想通过更加有效的方式对供应链进行控制，就需要借助互联网技术对企业的供应链进行管理，从而使供应链更好地发挥应有的状态。目前企业在经营管理过程中需要充分发挥企业对供应链的控制能力，确保企业的各项资源、信息以及物流的全面流通，使企业在发展过程中能够以更好的方式展开产品采购工作，能够更好地配合相关企业进行沟通交流和信息通报，进而使企业在提供产品服务的过程中能够更好地完成信息交流。消费者在产品选购的过程中，可以根据相应的消费信息进行订单确认，进而通过网络平台的支付功能，使消费者的权益得到保护。目前大部分消费者习惯在第三方支付平台进行支付，第三方账户平台可以跟商家进行交涉，使其能够在最大限度上满足消费者的需求。

目前网络技术使得各个企业之间的供应链形成了一个整体，从而使资金、信息以及物流的流通工作变得更加有效，企业在市场竞争过程中能够通过更加有效的方式开展相应的产品创新，供应链通过更加有效的方式运行。在企业内部以及供应链变革的过程中，要能够充分发挥传统工艺管理优势，通过客户、商品以及服务商之间的相互衔接，能够充分实现整个商品供应链全球化、动态化的发展，从而使供应链能够更好地满足企业发展的需求。

电子商务在企业经营管理的过程中起到非常重要的作用，是企业之间有效沟通的桥梁，因此在企业发展的过程中，可以充分利用商务的管理模式，为企业的发展创造出更加有利的发展模式，进而提高企业的竞争力。在当前的企业经营管理模式中，互联网为广大企业和用户提供了一个有效的交互平台，从而使企业能够在互联网平台的支持下把握市场导向，进而实行更加有效的统一化管理。

（二）电子商务的企业组织创新

企业在以往的发展过程中，经常出现组织和部门管理不到位的现象。由于企业的机构和组织过多，在各项规章制度的制定和应用方面难以达到管理要求，部门之间的信息传递和实际工作难以开展，不利于提高员工工作的积极性。企业在发展过程中需要具备一定的整体性，如果企业缺乏整体性，员工的创造性就会受到影响。在电子商务时代，企业的发展规划能够得到充分落实，从而有效提高企业的核心竞争力，企业在发展过程中能够建立起不同的生产部门，企业能够通过更加有效的方式建立起符合发展需求的组织结构。电子商务时代的企业组织将呈网络化的发展模式，从而能够采用更加有效的方式使企业更好地完成相应的信息和资源共享，实现企业各项管理目标。企业能够更好地完成发展目标，从

而不断提高企业的灵活性，使员工的工作效率和企业组织创新性得到提高，从而进一步提高企业的竞争能力。

（三）电子商务的人力资源管理创新

在互联网时代，企业的发展需要更多的专业人才，电子商务运营需要相关工作人员具备丰富的网络技术知识、企业运营知识以及商务知识，从而使企业在发展的过程中能够以更加有效的方式完成管理创新。企业在进行人力资源管理的过程中，需要根据商务的发展模式对人力资源管理制度进行创新，使其更加符合互联网时代的人力资源发展模式。在企业发展过程中，要将员工的发展同企业的发展联系起来，从而强化员工与企业之间的关系，最终使企业拥有更好的发展空间。

综上所述，企业在电子商务时代要通过提高自身管理能力，促进自身的可持续发展。互联网技术的发展能够有效降低企业的发展成本，促进企业的发展，使企业拥有更好市场应变能力，从而提高企业的市场竞争力。通过电子商务，企业的供应链能够得到简化，其经济效益能够得到提高，从而促进企业的发展。

第二节　电子商务时代的诚信经营监督管理

电子商务是互联网与商业深度融合的产物，它们的融合带来了新的产业发展模式。目前，我国电子商务的发展存在一些问题，其中以诚信经营缺失问题最为突出。诚信经营的缺失严重阻碍了电子商务的持续健康发展。对此，要深刻理解电子商务的内涵，阐明诚信经营对电子商务发展的重要性，对电子商务平台和商家诚信经营的现状及存在的问题进行深入分析。本节通过对电子商务平台和商家诚信经营的立法、完善准入和退出机制、建立公开机制、提高诚信经营意识等方面进行探讨来全面把握建设电子商务诚信经营的监督管理。

一、电子商务的兴起与发展

从整个商业活动发展的方式来看，原有的商业活动主要是直接销售模式，就是买方和卖方在市场进行直接交易，没有第三方平台或中介，这种直接销售模式一直延续至今。但是，随网络技术和信息技术的发展，互联网成为商业发展的新平台，商业经营者开始将商业活动与互联网相结合，借助这个技术平台来从事经营活动，由此形成了电子商务。从商务的内在要素来看，电子商务是指商业活动的经营者依托网络技术、信息技术创建的技术平台，把自己的商业活动与技术平台进行深度融合，创建出新的商业销售模式和商业活动平台，使买卖双方借助这个平台实现网上购物、网上交易、在线支付等各种商业活动。

电子商务是信息技术与商业活动相结合的产物，其发展是两者不断深入融合的过程，是两者内部要素之间的融合，是信息技术的功能性和商业活动的公开性的融合。它们的融合衍生出商务内部的一些新要素，包括厂家、商家、销售平台、仓储、物流、电子支付等，这些要素使商务活动具有间接性、开放性、信息化、便捷化等特征，实现了商业活动的网络化和电子化。

电子商务平台是信息化时代的产物，它集成当前的信息技术展示平台，由专业的网络技术公司开发各种网页，并邀请商家将商品在该网络平台进行展示，借助网络平台建立新的商业销售模式。网络化和信息化是商务平台能够建立的基础，它们的内部孕育着新的商业交易方式，也体现出新的社会功能，它能够实现部分商业行为的数字化。数字化是信息技术的典型特征，它能适应当前商业活动发展的规模和速度，能扩大整个商业活动的辐射面和竞争力。信息化作为市场经济条件下推动经济发展的主要因素，它适应于当前商业活动的竞争性和开放性，商业活动通过这个平台能够将所有的商业信息公开展示，实现商业活动的充分竞争。信息化的开放性、数字化、竞争性、多元性给整个商业活动带来了新的发展动力和活力，使商业逐渐与网络平台相融合，最终为商业活动开创了新模式。

电子商务平台已经成为当前最为重要的商业活动平台，很多经营者以网络平台为依托进行创业，企业也借助这个平台来扩大品牌的影响力、提高产品的竞争力。电子商务平台和商家形成的商业运行模式实现了两者之间的共赢，并推动了经济的持续发展。由于商务交易方式的间接性，导致在该平台上部分商家出现失信经营问题，可以说失信经营问题已经成为制约电子商务持续发展的重要因素。针对这些失信问题，需要建立完善的监督和管理体系，从制度上保障电子商务平台和商家能够按照相应的规则来运营。

诚信经营是电子商务持续发展的动力和保障。诚信既有来自电子商务平台本身的管理制度约束，也有来自电子商务平台对进入平台的商家进行的管理与监督。但从整个商务的发展来看，平台自身的管理制度并不能完全保障平台和商家的诚信经营，而是需要通过相关的国家立法来实现对商业活动的监督与管理，以确保平台和商家经营活动的诚信，推动电子商务的可持续发展。

二、电子商务平台和商家诚信经营的现状及存在的问题

（一）电子商务平台和商家诚信经营的现状

信息技术与商业活动的融合打造出了新的商业发展模式，支撑电子商务平台运营的是信息技术和商业活动过程中的诚信经营，它们之间的融合与运行需要相应的管理和监督体系的保障。平台内部的商家众多、产品种类繁杂、竞争性强，它的运行和管理需要有管理制度进行保障，这既包括平台经营者对平台和平台上商家的管理，也包括整个行业发展过程中形成的管理，还包括国家层面上对平台诚信运行的管理和监督。

电子商务管理的制度体系建设现状：从平台自身来看，如阿里巴巴集团制定了《阿里巴巴集团商业行为准则》，并成立了专门管理诚信经营的机构；当当集团制定了《当当网入驻商户管理规定》，以此对电商平台上的商家进行管理；京东集团制定了《京东商场开

放平台商家管理规定（LBP 商家）》，对平台中商家的诚信经营进行管理与监督。从电商行业协会来看，目前成立了中国电子商务协会，全面协调中国电子商务的发展。从国家层面来看，国家制定了《中华人民共和国电子签名法》《网络购物服务规范》《关于网上交易的指导意见》等相关法律法规。

（二）当前电子商务平台和商家经营中存在的问题

电子商务在我国起步较晚，但发展迅速。由于电商之间缺乏深入了解，加之平台的管理制度、行业协会的行业制度和国家层面制定的法律法规等都还不够完善，导致出现了一些问题，主要体现在以下几个方面：

一是缺乏系统化的监督管理体系。电子商务活动是通过互联网的信息技术平台将消费者和商家联系起来，通过在双方之间建立起具有第三方担保的平台，来实现买卖双方之间的诚信交易。电子商务这种交易模式突破了传统的交易方式和现有的商业活动规则，因此必须要建立与之相适应的商业活动规则和监督管理体系。目前我国在电子商务监督管理方面的法律还不完善，还没有形成机制，因此应尽快加强电子商务监督管理制度体系的建设。

二是行业协会未发挥其监督和规范作用。中国电子商务协会的成立标志着我国电子商务进入了相对成熟的阶段。中国电子商务协会目前主要的工作是预测和探讨中国电子商务未来的发展方向。随着协会内部机制的不断完善，协会要制定行业诚信经营准则、行业监督管理公约等相关行业规范，使行业协会真正成为能够指导和规范行业的主要机构，真正发挥行业协会的作用。

三是商家缺乏诚信经营的意识和素质。在电子商务平台上，部分商家的失信经营直接影响电子商务平台上所有商家的诚信度。从目前电子商务发展的整体来看，电子商务无论在规模上，还是在数量上，都在逐年增长，但投诉量也在不断增多，具体集中在产品质量、物流运输、售后服务等方面。这些问题主要是商家缺乏诚信经营的意识和素质导致的。

四是电子商务平台对入驻商家缺乏严格管理和准入退出规范。电子商务平台的经营者对进入该平台的商家缺乏严格管理，没有严格的准入审查和失信退出机制，这就导致商家在经营过程中对诚信经营不重视。目前发生的很多因产品质量导致的投诉，其主要原因是商家故意销售伪劣产品。因为电子商务平台没有必要的惩罚机制，所以部分商家才敢于销售这些产品。针对这些情况，就要求平台经营者必须制定严格的管理和准入退出规范。

三、电子商务平台和商家诚信经营监督和管理体系建设的路径

（一）加强对电子商务平台和商家诚信经营的立法

目前，我国电子商务发展正处于快速发展期，伴随而来的就是要加快对电子商务平台和商家诚信经营的立法步伐。《中华人民共和国电子签名法》的制定标志着对电子商务立法的开始。除此立法外，国家还应加快针对平台和商家经营行为的立法，它既包括相关网络平台的法律，也包括针对商家经营方面的法律；它既涉及信息网络部门的监管，还要受

到工商、质检、税务、公安、卫生、环保等相关部门的监督和管理。所以从国家层面来看，关于电子商务立法不仅要站在整个经济发展上来考虑，还要站在区别于传统经济发展模式的监督管理上来加快商务监督管理方面的立法。

（二）完善电子商务平台和商家的准入和退出机制

国家应尽快制定规范当前电子商务平台和商家经营行为的法律法规，其中应包含规范电子商务平台的设立、经营、惩罚和退出机制以及规范商家的准入退出、惩罚机制。加强对商务的监督和管理，其重点部分就是电子商务的具体经营活动，制定具有约束力和惩罚力的法律规范，保障在电子商务平台交易过程中能够按照《中华人民共和国合同法》的相关规定来进行，以提高电子商务平台和商家经营活动的整体信誉水平。

（三）建立定期的电子商务平台和商家诚信经营的公开机制

中国电子商务协会作为商务行业的自律性组织，它不仅要承担行业发展规划和未来的发展方向，同时还要对本行业中的经营者进行监督和管理。电子商务平台和商家的经营活动要受到行业协会的监督，如当其在经营过程中出现失信行为，电子商务协会要承担起向全社会公开的义务。电子商务协会要承担起行业发展的责任，制定具有普遍约束力的行业规范，对交易过程中出现欺诈消费者的电子商务平台和商家进行必要惩罚，提高行业自律组织对其经营活动的监督管理水平，进一步提升电子商务行业自身的诚信意识。

（四）提高电子商务平台经营者和商家经营者的诚信经营意识

随着电子商务平台和商家数量的增长，对其诚信经营的意识和觉悟也有了更高的要求，要让其充分意识到诚信经营的好处与失信经营的损失，只有这样，电子商务平台和商家才会主动提高自己诚信经营的意识。在提高商家经营者的诚信意识过程中，电子商务平台应该充分发挥自己对商家的管理，定期与商家签订诚信经营承诺书，对失信经营的商家有权拒绝向其开放。只有提升电商平台对商家的管理水平和商家自身的诚信经营意识，才能真正促进商务的健康发展。

总之，电子商务作为新的商业运行模式，它的内部融合消费者、电商平台和商家三者，电子商务要持续健康发展就必须从国家、行业协会、电商平台和商家三个层面来建设诚信监督管理体系，以此提升整个电子商务经营者的管理水平和商家的诚信素质。

第三节　电子商务经营中订单档案管理

我国电子商务产业发展已驶入快车道，然而电子商务经营中订单档案管理的效率依然不高，存在着诸多问题。本节试图从问题入手，寻找出电子商务经营中订单档案管理的有效路径，力求对当前商务经营中订单档案管理工作起到一定作用。

一、加强订单档案管理的必要性

（一）电子商务产业发展驶入快车道的需要

自 21 世纪初以来，电子商务迅速发展为当今世界的主要商业形态之一。电子商务是通过各种电子方式而不是面对面方式完成的交易。它是信息技术的应用，也是一种以信息为基础的商业构想的实现。它用来促进贸易伙伴之间的商业关系和提高贸易的效率。

经过多年发展，我国电子商务产业发展驶入快车道。据国家统计局商务交易平台调查显示，2017 年"双十一"期间全网 20 家平台实时销售数据显示，全网总销售额达 2 539.7 亿元。新的研究预测，到 2021 年，全球电商销售额将达到新高，全球电商业务预计将增长 265%，总销售额从 2014 年的 1.3 万亿美元增长到 2021 年的 4.9 万亿美元，这表明未来电商市场将继续发展，电子商务产业发展驶入快车道的同时，对订单档案管也提出了新的要求。

（二）电子商务经营中提高效率的需要

随着电子商务的发展，商务经营者之间的竞争也日趋激烈。商务经营者需要提高内部的管理效率，才能在竞争中占据上风。在电子商务经营中，有大量的业务订单档案形成，如何加强电子商务订单档案管理，形成有效的订单档案信息服务体系，为商务经营中订单档案管理提供有用信息，将是未来商务经营者面临的重要问题。由此可见，商务经营中效率的提高，需要不断加强电子商务订单档案管理。

（三）商务经营中维护各方权益的需要

商务是现代社会中十分重要的经济活动，涉及各行各业和众多的消费者。因此，利用商务订单档案完整地记录商务经营过程，在经营者和消费者之间发生消费纠纷的情况下，能够向双方提供业务发生过程的真实情况与数据，从而为各方维护自身的权益提供重要证据。可见，电子商务订单档案不仅是经营者内部管理的需要，也是维护商务经营活动中各方权益的重要凭据。

二、电子商务经营中订单档案管理存在的问题

（一）电子商务经营中订单档案管理意识淡薄

其主要表现为：首先，部分经营者存在畏难思想，担心增加自己的工作负担，不重视电子订单档案的归档管理问题；其次，有的经营者认为建立商务订单档案之后就可以高枕无忧了，没有加强对经营中订单档案的后续开发，造成订单档案利用效率低，浪费订单档案资源；最后，没有建立和完善商务订单档案管理制度，没有对商务订单档案进行收集、整理、保管和有效利用，在一定程度上造成商务订单档案管理文件材料出现分散、无序、甚至遗失的现象，这就影响和制约了商务订单档案管理的开发与利用。

（二）订单档案管理工作方法不得当

其主要表现为：首先，订单档案管理模式不统一，工作归属不一致，管理混乱；其次，管理人员流动性较大，在交接商务订单档案的过程中，会出现空档，这在一定程度上使商务订单档案管理工作出现断层；最后，部分订单档案的管理人员缺乏订单档案管理的专业知识，其管理思维和方式方法较为陈旧，只会单一地运用电子订单档案或纸质订单档案进行档案管理工作。因此，部分商家无法有效地开发订单档案管理信息资源，难以有效地提升商务订单档案管理工作的效率，不能充分发挥商务订单档案管理的作用。

（三）订单档案管理者能力较弱

其主要表现为：首先，工作人员接受新事物的速度慢，思想比较保守，认为只有纸质订单才是归档管理的对象；其次，订单档案管理人员对计算机操作技术不够熟练，无法高效使用计算机，难以做好电子订单档案的归档管理工作，因而无法正确处理电子订单档案归档管理工作中遇到的问题；最后，经营者不重视对商务订单档案的监管和保护，给侵权、假冒等违法行为提供了可乘之机，给消费者带来了损失。

三、订单档案管理方法的路径

（一）增强档案管理意识

为加强商务订单档案管理，需要强化经营者订单档案管理的意识。只有经营者充分意识到商务订单档案管理关系到经营者的生存与发展时，商务订单档案管理才能得到经营者的高度重视，才能对订单档案管理给予大力支持，为商务订单档案管理工作的开展奠定坚实基础。

经营者要树立商务订单档案管理意识。在日常经营中，企业建立一套与自身的发展情况相适应的商务订单档案管理制度，对商务订单档案管理的目的、任务以及对商务订单档案进行收集、整理、保管、利用等工作做出具体的规定，进一步规范相关人员的订单档案管理行为。这在一定程度上提高商务订单档案管理人员的水平，充分发挥商务经营中订单档案管理的有效作用。

（二）建立档案管理方法

经营者应把消费者订单排序方法运用到订单档案管理中，即每次收到一个客户订单，按照收到订单的先后顺序予以排序，对提高效率、方便查询、及时安排生产和销售计划等方面都会起到辅助科学决策的作用。具体方法就是每一个消费者，建立一个专门的存放订单档案文件夹。每来一个新消费者，分配一个流水号，流水号即消费者顺序号，这是排序的一个重要的方法。这样使消费者订单档案的排列具有无限的扩充性和灵活性，也方便查询。流水号对消费者进行标识，并给每一位消费者一个固定的号码，一户一档，一档多卷，这是一种最为简易的自然分类法。对消费者订单档案进行标识后，再对订单档案进行管理就很清晰了。

其具体流程为：接收消费者订单（下单方式有电话、传真、电子邮件、互动式语音应答或公司网站下订单）→编制流水号和消费者名称→电子排序（编目）→打印目录→纸质订单文档归档→文件排序。按照消费者订单的先后顺序，一字排开存放在文件柜，从而使消费者电子和纸质订单档案成为一个完整、有机的整体，使之有序化。编号是编目工作的起点和基础，通过编号，使消费者订单档案存放的位置相对固定，并为后续的编目工作、将来查找利用以及订单归档提供具体可行的条件基础。

档案管理者还要掌握消费者订单目录排序方法，并将其运用到消费者订单档案管理中。经过电脑排序之后打印出目录，按照消费者姓名的字母进行排序，先将所有消费者汇总，按照消费者字母的顺序排列。如果需要查找消费者订单档案，按照字母排列的顺序查询订单档案的具体存放位置。这样的归类是清晰的，便于查找。这种方法可以称为"查字典法"，将目录称为"字典目录"。消费者订单放置在什么位置并不重要，重要的是能及时找到它。在此情况下，经营者可以准确、快速地完成订单档案的查阅与管理，大大提高检索能力，缩短了查询时间。

为了提高消费者订单档案的检索速度，经营者应该把消费者订单档案排序方法与订单档案目录排序方法有机结合起来，根据经营者所处的环境，如在电脑前，打开电脑找到所要查找消费者排序的固定位置；如果存放在消费者订单档案柜，就可以把纸质目录拿出来查询。因此，采用消费者订单档案纸质目录和电子目录排序相互配合进行查询，是一种"简化整理，深化检索"，是一种随时随地快速查询订单档案管理方法。同时，这也是一种调整和简化消费者订单档案资料的管理方法。实行消费者电子订单档案与纸质订单档案联合检索模式，可以保证商务经营者更有效地获得订单档案信息资源，确保订单档案管理工作有章可循；订单档案收集、整理、开发服务等档案资料有案可查，从而对商务经营者订单档案实现科学有效的管理。

（三）提高订单档案管理人员的素质

要提高商务订单档案管理水平，就必须提高订单档案管理人员的科学文化水平和组织协调能力，使其具备档案管理、现代经营、信息技术等方面的综合知识。订单档案管理人员要在商务订单档案管理工作中不断学习、不断总结、不断进步，逐步提高其订单档案管理工作能力。

经营者要提高订单档案管理人员的业务素质和管理水平，需要加大商务订单档案管理人员的培训力度，使其进一步适应商务经营中订单档案的需要。只有商务经营中订单档案管理系统更有序、更安全、更简便，订单档案管理者水平不断提高，订单档案管理工作才能取得更大的进步、发挥更高的效率。

综上所述，随着我国电子商务蓬勃发展，经营者需要不断提高商务经营中订单档案管理效率和水平，通过探析商务经营中订单档案管理方法、增强社会利用商务订单档案意识、提高商务经营者订单档案管理人员的素质等措施来完善商务订单档案管理工作，从而充分发挥商务经营中订单档案管理工作价值和作用。

第四节　电子商务时代的图书连锁经营管理

所谓图书连锁经营，是指在图书产品的流通领域中，建立若干图书销售连锁店并以统一的经营方式和管理手段连接起来，共享规模效益的一种现代组织形式和经营方式。但是这种巨大的规模效益，也并不能完全解决图书产业发展中不断出现的新问题，而电子商务的迅速发展却为图书连锁经营企业提供了巨大的发展契机。我国的图书产业应该抓住这一机遇，大力发展图书连锁经营的电子商务模式。

一、当前图书连锁经营模式分析

图书销售企业采用的连锁经营模式是对传统图书经营方式的颠覆，它不仅在销售量的提升上影响巨大，而且在销售范围的扩大上也影响深远。

图书连锁经营模式的优势主要体现在以下几个方面：

（一）提高图书产业的市场占有率

图书连锁经营模式注重的是规模效应，这种规模化发展不仅扩大了图书的销售量，而且也提升了连锁书店的知名度，从而提高了图书产品的市场占有率。这是图书产业发展连锁经营的关键所在。

（二）强化书店的良好形象

企业的形象与信誉是一种无形的资产，可以给企业带来巨大的经济效益。图书连锁经营企业通过统一的店面、统一的环境布置、统一的广告语等等，形成了一种极佳的广告效果。通过这种信息传递，促使读者对书店产生兴趣，为图书赢得良好经济效益奠定了坚实的基础。

（三）提升书店的竞争力

连锁经营模式使得图书连锁经营业的经营成本大幅度降低，图书产品的价格拥有了一定的升降空间，图书连锁店因此拥有了强大的竞争力，从而提高其与同类书店的竞争力，也提高了企业图书的成功机会。

图书连锁书店经营的优势很明显，但是也有一些不足：

1. 连锁书店的信息收集不足

图书销售行业在实施了图书连锁经营之后，要求书店能够及时收集多方面的信息提供给众多的连锁店，这些信息包括出版社的最新图书产品、读者的需求、书店的销售情况和读者反馈信息等。但是由于我国目前的网络平台建设并不完善，部分地区的信息网络供给不全面、不适时，难以有效地收集信息，这使得图书销售业的扩大化发展遇到了阻碍。

2. 连锁书店的交易过程中物流配送成本过高

连锁书店经营注重的是规模效益，众多分店的建立虽然增加了书籍的销售量，但是这也增加了配送量，加大了图书的配送成本。这使得众多中小型图书企业资金捉襟见肘，而有限的资金难于集中起来进行企业优化升级。

3. 企业高层决策传达不畅

树状式的连锁店面发展模式，不同于垂直模式可以高效地进行信息传播，树状式连锁店总店的临时决策不能及时地传达到每一个连锁店内。虽说手机等通信工具已广泛应用，但是对企业决策能否及时有效地传达还是有一定的影响。

二、图书连锁企业开展电子商务的必要性

虽然图书连锁企业在新的销售模式下得到迅猛发展，但其面临的问题也越来越突出。图书企业要摆脱发展困境，加快图书产业的发展步伐，应用电子商务模式是至关重要的，也是必要的。

（一）电子商务可以增加连锁经营企业的商机，开拓商业市场

企业可以利用便捷的网络技术快速、准确地获取最新的商业信息，用来指导众多的连锁书店进行图书预定和销售活动，这根本性地改变了传统经营企业方式信息落后的局面，使图书连锁经营企业的经营商机增加。另外，对于图书连锁企业的扩大化生产与规模化推广也都是尤为重要的。

（二）电子商务使连锁企业的内部运作和实时控制得以加强

随着全球互联网技术的迅猛发展，越来越多的网络技术应用于企业经营管理之中，公司内部的信息传达和协作配合都因此有所改进。另外，图书企业更多地使用电子化产品为外部数据收集和内部操作提供了更大的机会。企业传统的人力资源聘用制度也将有所改变，一种新的聘用制度——网上招聘呼之欲出。

（三）电子商务使图书产业实现全球化

电子商务的应用有利于拓宽图书连锁经营企业的市场空间，走出国内越发激烈的市场，将企业的市场空间扩展到全球。另外，图书连锁经营企业在实施了商务后还可以在全球范围内推销自己的图书产品和售后服务，让全球的读者了解自己的产品和服务。

（四）电子商务使传统的供应链向虚拟市场延伸

随着电子商务的发展，对广大销售商所提供的设备和服务质量要求都有所增加。另外，众多连锁店的工作人员也将需要更多的信息技术工具用于下订单、记账等业务，这对供应链产生了极大的影响。消费者要求供应商提供更多的存货管理服务，供应链中各公司之间的联系将更加紧密。

三、图书连锁经营企业发展电子商务的策略

由于图书市场瞬息万变，图书连锁企业的战略变动、工作人员的人事变动都较为频繁，尤其是在竞争如此激烈的今天，行业环境外部、内部因素都对企业的发展尤为关键。图书连锁企业应及时做出调整，确保计划的顺利进行；同时企业应对每个阶段进行分析评估，为以后进一步开展商务积累经验教训。

（一）充分了解现代网络技术

图书产业作为市场激烈竞争中的群体之一，企业应该客观分析自身的发展现状，制定科学的发展战略。因此，企业要想开展电子商务，必须充分了解现代的网络技术、商务市场和自己的目标顾客；同时要通过市场调查确定企业的业务范围，了解国内电子商务市场和网络特点，便于更好、更快地开展商务活动。

所以，图书连锁企业对于图书市场的了解、对现代化网络技术的了解、对商务网站的充分利用，都是开展好商务的最重要的前提。

（二）建立属于自己的电子商务网站

在高速发展的网络世界中存在着难以计数的网站，而这些网站又千差万别，这也使得每个图书企业开展电子商务的模式也不尽相同。例如，有的图书企业在自己的图书网站上仅仅是提供一些简单的图书介绍、书店联系方式等信息，这种图书网站仅仅是为了在互联网平台上介绍自己，没有真正地改变传统的经营方式；而有的书店在自己的网站里面已经全面利用网络技术，实现了图书的在线订购，甚至在线付款等功能，它们完全可以利用互联网平台销售自己的产品和服务。图书连锁店选择什么样的网站形式，要根据自身实际来确定。

（三）实行"寄生式"的网络发展

国内许多图书连锁企业的领导认为企业要开展商务，必须要建立企业自己的商务网站。但是，如果连锁书店的自身资源有限，没有充足的资金进行网站建设，也可以不必建立独立的网站。

在没有独立网站的情况下，可以依靠国内已有的大型网站，如淘宝网、一拍网等著名的大型商务网站，这也不失为一种可取的经营理念。有效地利用这些网站的商务平台，刊登自己的供求信息，积极推广自己，这样企业只需少量的投资甚至零投入就可以实现初级商务。

（四）图书连锁企业制定经营计划、具体实施

一个图书连锁企业要开展商务，需要做的事情很多，如果没有详细的计划，企业就会没有明确的发展方向。连锁企业一旦出现问题便会陷入混乱，浪费大量的资金、人力和时间。至于如何制定商务实施计划，这就要根据企业的实际情况而定。企业工作计划的时间长短，企业关于开展商务的目的以及每个阶段的明确目标、实现方式、操作人员、投入资金等计划都确定好，就可以具体实施了。

（五）跟踪销售情况、客观分析、及时调整

图书连锁经营企业开展电子商务是一个长期的、系统的工程，虽然我们目前所开展的这些活动也是商务，但只是企业发展的一个阶段而已。由于每个图书连锁企业的自身实际情况不同，其所开展的商务形式也固然不同，不同的商务形式产生的效果或者说这种形式的目的也不同，例如让顾客看到企业的企业信息，让顾客了解产品信息，让顾客对产品产生兴趣，让顾客和经营者谈生意，让顾客和经营者联系贸易，或者通过网络达成生意，等等。

商务已经成为进行图书连锁经营活动的必然趋势。随着商务技术的进一步推广与应用，我国的图书连锁经营企业的电子化、信息化日益明显。现代图书销售运作过程中时空跨度大、处理过程复杂、销售信息分散等特点也日益凸显。因此，建立功能完善、操作方便、安全、及时的图书连锁经营管理系统已经是大势所趋。

第五节 O2O 电子商务企业商业模式分类、解构与典型案例分析——以江苏苏宁易购为例

随着互联网与智能手机的快速普及，O2O 作为一种新生事物迅速席卷世界并彻底改变了人们的生活，成为企业界与学术界关注的热点。O2O 是 "Online-To-Offline" 的缩写，是将线下潜在的商业机会与互联网操作平台相结合的一种新型电子商务模式。2015 年 9 月，国务院发布的《关于推进线上线下互动加快商贸流通创新发展转型升级的意见》指出，要大力发展线上线下互动，表明该业态的发展已经引起了国家层面的高度重视。数据显示，2016 年中国 O2O 的整体规模为 7 291 亿元，仅外卖这一部分就达到 1 524 亿元。O2O 为何能在如此短的时间里席卷全中国？它究竟拥有着怎样一种特殊商业模式能够彻底改变企业的盈利模式？本节将从 O2O 电子商务企业商业模式构建的理论角度来剖析它的发展规律，并结合典型案例的分析，试图解答这个问题。

一、商业模式的概念框架和要素构成

（一）商业模式的概念框架界定

关于商业模式的概念界定，学者们从不同的角度对其进行了研究，至今仍未对其达成一致的观点。截至目前，人们在大的方向上已经取得的共识是商业模式是一种可以带来价值创造和价值获取这双重价值实现的逻辑机制。笔者认为，商业模式重点应该体现在对价值的追求上，即认为商业模式既是一种价值创造，又是一种价值获取，是让价值创造和价值获取这两种活动有机结合在一起的一种体系。

（二）商业模式的组成要素

总结以往学者对于商业模式要素构成的研究，发现其中有四个组成要素在前人的研究中多次被论述，因此通过归纳前人研究成果，笔者认为商业模式是由"价值主张""价值网络""核心资源"和"收入组合"四个要素构成。

1. 价值主张。商业模式的价值主张是指企业通过其产品和服务所能向消费者提供的价值，是研究商业模式的起点。有的学者认为，企业中每一项业务的特征皆是由其价值主张塑造而形成的。价值主张简单来说，就是指企业向哪些顾客提供哪些产品、服务、体验或解决方案。

2. 价值网络。在互联网时代，应以"价值网络"而不是"价值链"来分析企业的商业模式。价值网络要素体现的是一种小的商业生态环境，由顾客、企业、合作伙伴和利益相关者构成，它们之间相互影响而形成价值生成、分配、转移和获取的关系及其结构。这种结构可以帮助抵御外界环境的动荡，维持企业价值网络情境的稳定性，降低不确定性，从而有利于企业更好地为顾客提供价值，同时自身又能够进行价值获取。

3. 核心资源（能力）。企业资源理论认为，企业的核心资源是企业竞争优势的源泉，优势资源可以给企业带来溢价并成为企业的核心资源。笔者认为"核心资源"（能力）是指决定着企业的竞争能力并带来价值的那些资源（或能力），主要特点是价值性、稀缺性、不可替代性、不可完全转移性等，尤其是其支撑价值创造和价值获取的价值属性。实际情况是就有不少企业，由于掌握核心资源（能力）而获取持久竞争优势以及高额溢价。

4. 收入组合。"收入组合"这个要素出现频率甚至超过"价值主张"要素，有学者又将其称为"盈利模式"，它描述的是"如何对创造出来的价值进行回收"。收入组合又可分为"收入要价""收入结构"与"成本"几个部分。收入要价就是企业出售的产品或服务的价格。收入结构指的是企业选择对何种对象（产品、服务）、哪个环节和要素进行收费的一种结构。成本则重点考虑企业提供产品或服务过程中所有发生的成本节点。

二、O2O 电子商务企业商业模式的分类与要素解构分析

按照不同的商业模式分类标准，先进行商业模式归类，在此基础上，对商业模式的"四要素"进行分析，通过将商业模式还原成最基本的单位，来分析 O2O 电子商务企业这种新型商业模式的内容。

（一）根据承担的作用不同的 O2O 商业模式

根据 O2O 电子商务企业在整个行业中承担的作用不同，主要可以分为平台企业与普通商户企业两种。

1. 平台企业。电子商务平台已经经历了 B2C、C2C、运营商平台、第三方平台，再到如今的 O2O 平台的历程。随着 O2O 发展的深入，平台企业的商业模式也在不断地创新。简言之，平台最主要的功能就是增加了消费行为的便捷性，提升了顾客的消费时间价值，

进而提高了顾客的总体效用，同时也给平台自身带来了价值获取的增加。

2. 商户企业。相对于平台企业，商户企业的商业模式则较为简单。商户企业作为参与者，利润模式来源于顾客收入、自身成本与平台费用之间的差值。商户企业依附于知名 O2O 平台可以利用其网络人气带来更多的销售量，但也要求商户扩大生产服务规模，提高服务质量，做到及时有效地满足顾客需求。

（二）根据所处行业不同的 O2O 商业模式研究

按照行业不同作为分类标准，本节选取较典型的几个行业的 O2O 商业模式进行分析。

1. 零售行业企业。国内零售行业的 O2O 模式目前主要分三种：第一种，通过微信、微店、电商多种渠道引导消费的 O2O 模式；第二种，会员化管理模式，把 O2O 的运营服务到所有的会员，做放大的会员管理；第三种，称为反向 O2O，即电商向实体渠道延伸。零售业 O2O 商业模式重点在于，通过改进传统线下消费，将线下购物体验与线上操作结合起来，将传统的零售业整合得更加便捷。

2. 餐饮行业企业。餐饮行业的 O2O 商业模式的重点在于，消费者可以随时在线上获取丰富的餐厅和菜品信息，利用信用评价体系决定线下的餐饮消费行为。较早进入餐饮 O2O 行业的企业，已经开始向优质产品和服务沉淀，实体餐饮店可利用互联网技术深挖产品和用户体验，打造良好的品牌。

3. 房产行业企业。房地产行业的 O2O 商业模式与传统消费品完全不同，房产经纪人通过线上平台获取优质房源信息，推荐给购房者，购房者也会通过平台比价选择。房产 O2O 的模式可以理解为通过为顾客提供海量房源来透明信息，并有专业分析辅助决策，吸引线上线下的顾客群体，提供便捷服务并赚取佣金的一种商业模式。

4. 家装行业企业。传统家装行业存在信息不对称、服务体验差等问题，O2O 家装平台的出现可以让装修变得更透明、简便。客户在线搜索与自己户型匹配的装修方案，并与设计师在线沟通，完成设计，同时列出所需建材和施工价格。在施工环节，可通过平台监理与用户分享实时装修进度。因此，家装行业的 O2O 模式将投资者、企业、材料商、工人等众多资源整合起来，为消费者提供了以线上清晰透明的方式来完成家装全程监理的服务。

5. 家政行业企业。近年来，人口老龄化等结构原因导致大量的家庭服务需求出现。家政 O2O 是通过互联网信息技术与传统家政行业相结合产生的新模式，提高了家政行业在业务销售、客户管理、信息匹配、市场推广等方面的效率，从而提升了整个行业的服务质量和水平。

6. 汽车行业企业。汽车行业的 O2O 的商业模式具体可细分为汽车销售、汽车租赁和汽车服务三个子行业：（1）汽车销售。互联网的普及改变了消费者购车的行为模式，购车人已形成线上搜索、比价、筛选、决策再转向线下车商交易的习惯。以"人人车""瓜子网"为代表的平台正是依托互联网、大数据的方式，使得买卖双方均能快速、高效交易二手汽车。整个交易流程也趋于透明、公开和公平，为购车人提供更多售后保障。（2）汽车租赁。随着分享经济理念的普及，以租车为代表的交通 O2O 成为市场上最有生机的创新力量之一。以一嗨租车为代表 O2O 汽车租赁业务的商业模式是出行服务信息提供和交易平台，通过整合出租车公司、闲置私家车等资源，提供不同车型供消费者选择，满足不同人群的出行需求。（3）汽车服务行业企业。汽车服务 O2O 为车主提供在线汽车服务，包括快速匹配、线下施工安装、汽车美容、汽车改装、保养维修、车险投保等服务，车主可真正实现"一站式"汽车生活服务，即通过整合洗车美容店、汽车改装店、保养维修店、保险公司等资源，为客户提供各种在线汽车服务。

7. 出行行业企业。出行行业主要表现在两大方面：一是以滴滴出行为代表的出租车、专车、快车、代驾及相关汽车服务项目；二是基于近年来共享经济基础上的共享单车服务。首先，滴滴出行类，主要是通过移动互联网的载体，搜寻、集结并整合匹配了即时或预约时间的社会闲散的网约车需求与服务资源，极大地提高了人们的出行效率与收益。其次，共享单车类，则是近两年来改变行人出行方式的一大创举。

8. 旅游行业企业。旅游行业 O2O 的商业模式实际上在互联网旅游大数据基础上，通过攻略、旅游点评、用户体验等知识普及性、情感传递性的方式，消除信息不对称，通过整合航空公司、酒店、旅行社、保险公司、旅游景点等多线资源，为旅客提供机票、酒店、跟团、签证等多种相关产品或服务的一种商业模式。

9. 医疗行业企业。医疗行业的 O2O 模式主要在于利用电子处方的推广及医疗改革，采用线下检测上传和线上专业医师诊断，从而节约客户诊疗时间，并可享受全国范围知名医师、个人签约家庭医生等提供有偿诊疗等服务的一种新的医疗商业模式。

三、典型案例研究——以江苏苏宁易购 O2O 商业模式创新为例

笔者在此选取了江苏省苏宁集团下苏宁易购的 O2O 商业模式，通过分析其商业模式，来探索这类企业商业模式的构建与创新。

苏宁易购是苏宁云商集团股份有限公司旗下新一代 B2C 网上集成购物平台。自 2011 年起，苏宁易购意识到转型互联网零售的重要性。随后，苏宁易购在行业内提出了 O2O 模式。2014 年，已初步完成 O2O 模式的布局，进入 O2O 战略执行阶段。至 2016 年，苏宁易购 O2O 领域已经可以称之为"业内先行者"了。2017 年，公司实现全渠道销售规模达 2 433 亿元，同比增长近 30%，成功迎来 O2O 行业盈利的拐点。下面将从商业模式要素来分析其 O2O 商业模式。

第一，价值主张。苏宁易购在其价值主张上的创新，表现为在消费升级的变化时期，抓住"新零售"契机，打通线上线下界限，基于大数据挖掘出用户消费行为习惯，全方位深层次满足顾客的多种需求。从满足顾客需求来看，苏宁易购从原有的"3C 类产品"（计算机、通信、消费类电子产品），拓展到今天的家电、母婴、美妆、服饰、图书、虚拟产品、汽车产品、家装、金融甚至飞机产品等。这些都是以需定制，即顾客需要什么，就零售什

么，利用苏宁集团强大的资源支持，抢占新零售的市场先机。其价值主张中的顾客价值创造，在于满足了消费者多方位多层次的消费需求，使得消费过程更便捷到位。企业的价值获取，则来自互联网海量客源及由此沉淀下来的忠实顾客带来的利润叠加，这些将是未来利润源的爆发点。

第二，价值网络。苏宁易购在价值网络上的创新，一言以蔽之，那就是尽可能集成了所有价值网络资源，包括横向和纵向。一方面，O2O发展中需要融合商品、渠道、支付、物流、售后、客服等环节，而苏宁是行业内唯一掌握所有环节的企业；另一方面，苏宁与传统的供应商紧密合作，不断引入多家新的行业合作伙伴，如电动汽车、飞机制造、家装业、金融系统等合作伙伴，一起携手面向新零售业态。价值网络中的价值创造在于苏宁利用自身强大的资源整合了所有可以整合的供应资源，极大地提升了顾客的消费体验；价值获取则来自整合资源对顾客消费满意度的贡献，而由此产生了顾客黏性和忠诚度的提升，最终带来更多的顾客利润源。

第三，核心资源（能力）。苏宁易购身后有苏宁云商集团这个强大背景的有力支持，具有了其他竞争对手难以相比的竞争优势。从2012年苏宁O2O"元年"开始，苏宁集团大幅度地多次投资苏宁易购的网络建设、零售门店改造、物流仓储系统改造、渠道改造以及内部管理架构的改造，这样巨大的转变离不开巨大的资金支持。苏宁易购还注重物流能力上的培育，借助线下门店优势，苏宁率先攻克物流"最后一公里"，陆续推出了"急速达""半日达""一日三送"等特色化服务，极大地提高了物流妥投效率，形成了企业竞争优势。苏宁还率先完成与O2O业务相匹配的组织结构的大改造，加上多年建设的渠道优势、零售管理能力等，这些都是苏宁能够在短短几年间超越众多竞争对手的核心资源和能力。

第四，收入组合。作为O2O的最高阶形式——云商模式（电商＋电商＋服务商），苏宁易购在商业模式的收入组合要素上，可以说囊括了一切可获得收入的形式，即面向顾客提供的产品服务的营业类收入、面向中间环节和衍生环节的收入来源，包括利用赚取差价、销售提成、金融服务、物流服务、引流服务、数据服务、推广服务、售后服务等方式来获取利润。苏宁易购为了应对线下强劲对手的竞争，在配送环节，大规模地增加物流配送设施，使得这部分成本负担加重，部分消耗了由线上运营所累积的成本优势，以至于半数以上的苏宁易购服务站到2016年下半年才开始逐渐盈利。但2017年全年，苏宁易购全年净利润已经暴涨了近5倍。

苏宁易购作为江苏省老牌零售企业苏宁集团转型后的O2O新零售企业，在整个社会零售业转型的契机下，以超前的战略眼光占据了市场先机，成为国内首家拥有线上线下强大优势的企业（线下第一，线上第三），也成为同行竞争者赶超的目标。接下来，苏宁易购还将面对更多的挑战，例如在价值主张、收入成本、盈利水平等方面还需要做更多的改进与整合工作。

本节按照O2O电子商务企业商业模式不同的分类标准，从商业模式要素理论角度对其进行分析。通过对各要素的分析，试图解决当今飞速发展的O2O电子商务企业商业模式的内容和发展规律。目的是为这类企业如何能在已有的基础上，为有针对性的、点对点的商业模式创新起到理论铺垫作用。本节还通过江苏省知名企业苏宁易购的商业模式分析，来探析 O2O 企业是如何通过商业模式创新在互联网时代发生巨大蜕变的。

第四章　商务合同的管理

在交易磋商过程中，商务当事人就双方共同关心的问题进行多种形式的磋商，从而对达成的共识签订商务合同，以使双方今后的运营与操作有所遵循。

第一节　商务合同的概述

一、合同的概念

合同在古代称为契约，所以我们讲的违反合同的责任，也叫作违约责任。所谓商务合同，是指当事人在商务活动中为了实现一定的商务目的而依法订立的合同，是调整商务行为的契约形式。商务活动的双方当事人（有时也是多方当事人，以下略）就商务合同的内容经过协商达成一致，商务合同即告成立。在现实生活中，双方当事人因各自的利害关系，为订立合同进行磋商，使订立合同的程序表现为要约、反要约、再要约直至承诺的反复过程。

当事人在商务活动中享有自愿订立合同自由的权利，在订立商务合同的过程中，双方还应遵守诚实信用的原则。当事人在商务活动中是否缔结合同、同谁缔结合同以及合同的内容和形式，主要取决于当事人。只要不违反法律、不违背公序良俗，合同的形式与内容均可由当事人自己决定。当事人在签订合同的过程中相互承担保护、保密等附随义务；若当事人违反，即构成缔约上的过失；给对方造成损害的，应当承担赔偿责任。

在合同的概念当中，合同最终归结为一种协议，因此我们讲的协议，实际上就是合同。另外，《中华人民共和国合同法》（下文简称《合同法》）所讲的合同，强调的是平等主体之间的关系，所以行政合同不受《合同法》调整。合同是多方当事人的法律行为，合同的主体必须有两个或两个以上，合同的成立是各方当事人之间意思表示一致的结果。

二、商务合同的分类

在现实生活中，当事人双方从事的商务活动内容不同，所签订的商务合同的内容也不同。根据合同的内容，本节将商务合同分为如下几类：

（一）买卖合同

1. 买卖合同概述

买卖合同是商务活动的主要有偿合同。买卖合同是出卖人转移标的物的所有权于买受人，买受人支付价款的合同。其中，按照约定应交付标的物并转移所有权的一方称为出卖人，受领标的物并支付价款的一方称为买受人，出卖人交付的标的物称为出卖物。

2. 买卖合同的法律特征

（1）买卖合同是以等价有偿方式转移财产所有权的合同。租赁、借用和保管合同虽然一方也要将标的物转让给另一方，但它并不涉及标的物所有权的转移。因此，转移财产所有权将买卖合同与租赁、借用和保管合同区分开来。另外，买卖合同又是等价有偿的，这又与转移财产所有权但非等价有偿的赠与合同区分开来。

（2）买卖合同是双务有偿合同。买卖合同中一方的权利是另一方的义务，其中出卖人负有交付标的物并转移其所有权给买受人的义务，买受人负有支付价款的义务。

（3）买卖合同是诺成合同。买卖合同自双方关于出卖标的物的意思表示达成一致即成立生效，而不以标的物的现实交付为生效要件。因此，买卖合同是诺成合同。

（二）借款合同

1. 借款合同概述

借款合同是借款人向贷款人借款，到期返还借款并支付利息的合同。除了亲戚、朋友、同事相互之间的借款合同之外，大部分借款合同的贷款人（出借人）是银行或信用合作社。

2. 借款合同特点

（1）借款合同为诺成合同。借款合同的标的物是金钱，属于消费借贷合同。传统民法学认为，消费借贷合同属于要物合同，即合同的成立，不仅要双方达成合意，还必须以标的物的交付作为合同的成立要件。民法学界通常认为，我国的借款合同应理解为诺成合同，即只要双方当事人就借款合同的主要条款达成合意，借款合同即告成立。

（2）借款合同为双务有偿合同。借款合同的双方当事人互享权利、互负义务。贷款人负有按合同约定拨付款项给借款人的义务，借款人负有按期还本付息的义务。

（3）借款合同大部分为要式合同。除自然人之间借款另有约定外，借款合同应当采用书面形式。借款合同应当包括借款种类、币种、用途、数额、利率、期限和还款方式等条款。另外，借款申请书、借款凭证、协议书及修改借款合同的有关书面材料是借款合同的组成部分。

（三）租赁合同

1. 租赁合同概述

租赁合同是出租人将租赁物交付承租人使用、收益，承租人支付租金的合同。凡是当事人需要取得对方标的物的临时使用与收益，但无须取得所有权，并且该物不是消耗物时，都可以适用租赁合同。租赁合同与借款、买卖等合同相比，具有以下特点：

一是租赁合同是转移财产使用权的合同，而不是转移物的所有权，这是租赁合同区别于买卖、赠予等转移财产所有权合同的特点。二是租赁合同具有临时性，租赁合同不适用于财产的永久性使用，当事人约定的租赁期限不得超过二十年，超过二十年的，超过部分无效。三是租赁合同为双方有偿合同。

2. 当事人双方权利义务

（1）承租人按约定的方法或者租赁物的性质使用租赁物，致使租赁物损耗的，不承担赔偿责任。未按约定使用造成损耗的，出租人可解除合同并要求赔偿损失。

（2）出租人应当履行租赁物的维修义务，但当事人另有约定除外。承租人在租赁物需要维修时可要求出租人在合理期限内维修，出租人未履行维修义务的，承租人可自行维修，费用由出租人负担。因维修租赁物影响承租人使用的，出租人应当相应地减少租金或延长租期。

（3）承租人未经出租人同意转租的，出租人可解除合同。

（4）在租赁期间因占有、使用租赁物获得的收益，归承租人所有，但当事人另有约定的除外。

（5）承租人应当按照约定的期限支付租金。对支付期限没有约定或者约定不明确，依照《合同法》有关规定仍不能确定的，租赁期间不满一年的，应当在租赁期间届满时支付；租赁期间一年以上的，应当在每届满一年时支付，剩余期间不满一年的，应当在租赁期间届满时支付。

（6）承租人无正当理由未支付或迟延支付租金，出租人可要求承租人在合理期限内支付。承租人逾期不支付的，出租人可以解除合同。

（7）因第三人主张权利，使承租人不能对租赁物使用、收益的，承租人可要求减少租金或不支付租金。

（8）租赁物在租赁期间发生所有权变动的，不影响租赁合同的效力，即实行"买卖不破租赁"的原则。

（四）融资租赁合同

1. 融资租赁合同概述

融资租赁是指实质上转移与资产所有权有关的全部风险和报酬的租赁。符合下列条件之一的租赁为融资租赁：（1）在租赁期满时，租赁资产的所有权转让给承租方；（2）租赁期占租赁资产尚可使用年限的大部分（75%或以上）；（3）租赁期内租赁最低付款额大于或基本等于租赁开始日租赁资产的公允价值。

2. 当事人双方权利义务

（1）典型的融资租赁关系涉及三方当事人，即出租人、承租人、出卖人，包括融资租赁合同和买卖合同两个合同。出租人根据承租人对出卖人、租赁物的选择与出卖人订立买卖合同，出卖人按照约定向承租人交付标的物，承租人享有与受领标的物有关的买受人的权利。承租人检验标的物合格后出具验收合格通知书，并与出租人订立融资租赁合同，出租人据此向出卖人付款。

（2）出租人享有租赁物的所有权。承租人破产的，租赁物不属于破产财产。

（3）融资租赁合同的租金，除当事人另有约定的以外，应当根据购买租赁物的大部分或者全部成本以及出租人的合理利润确定。

（4）租赁物不符租赁合同约定或不符使用目的的，出租人不承担责任；但承租人依赖出租人的技能确定租赁物或出租人干预选择租赁物的除外。

（5）承租人应履行占有租赁物期间的维修义务。

（6）承租人应当按照约定支付租金，承租人经催告后在合理期限内仍不支付租金的，出租人可要求支付全部租金；也可解除合同，收回租赁物。

（7）当事人约定租赁期间届满租赁物归承租人所有，承租人已支付大部租金，但无力支付剩余租金。出租人因此解除合同收回租赁物的，收回的租赁物的价值超过承租人欠付的租金及其他费用的，承租人可以要求部分返还。

（8）出租人和承租人可以约定租赁期间届满租赁物的归属。对租赁物的归属没有约定或者约定不明确，依照《合同法》第六十一条的规定仍不能确定的，租赁物的所有权归出租人。

（五）承揽合同

1. 承揽合同概述

承揽合同是承揽人按照定作人的要求完成工作，交付工作成果，定作人给付报酬的合同。完成工作并交付成果的一方称为承揽人，接受承揽人的工作成果并给付报酬的一方称为定作人，承揽人完成的工作成果称作定作物。承揽活动是人们生产、生活中不可缺少的民事活动，例如加工、定作、修理、印刷等，均与人们的生产、生活息息相关。因此，承揽合同是现实社会生活中广泛存在的合同类型。

2. 承揽合同的特点

（1）承揽合同是承揽人独立地提供劳务的合同。承揽人以自己的设备、技术和劳动独立地为定作人完成一定的工作，并交付成果。在承揽合同关系中，定作人所注重的是承揽人的人力、技术设备等劳动条件，因为这些劳动条件对工作成果起决定作用，而工作成果的质量决定着定作人的特殊物质利益能够得到保障的程度。所以，承揽人独立为定作人完成一定工作是承揽合同的特点之一。定作人所需要的不是承揽人的单纯劳务，而是其劳务的结果即工作成果，承揽人的劳务体现在其完成的工作成果上。因此，承揽合同是承揽人独立地提供劳务的合同。

（2）承揽合同的标的具有特定性。承揽合同的标的是承揽人完成并交付的工作成果。这一工作成果既可以是体力劳动成果，也可以是脑力劳动成果，但它必须具有特定性，是按照定作人的特定要求，能够满足定作人特殊需要的物或其他财产，同时它又是承揽人独特的劳动的产物。承揽合同的标的物是不能通过市场大量供应的，而只能由承揽人依定作人的要求通过自己与众不同的劳动技能来完成。

（3）承揽合同是双务、有偿合同。承揽合同一经成立，当事人双方均负有一定义务，双方的义务具有对应性，一方的义务即为他方的权利，所以是双务合同。在承揽合同关系中，承揽人的义务表现为按照定作人的要求完成工作，交付工作成果；定作人的义务是受领该工作成果支付约定的报酬。双方当事人任何一方从另一方取得利益均应支付对等价款，因此承揽合同为有偿合同。

（4）承揽合同是诺成、不要式合同。承揽合同当事人双方意思表示一致即可成立生效，而不以当事人一方对标的物的实际交付为合同成立生效要件，所以是诺成合同。当事人的意思表示可以采用口头形式，也可以采用书面形式，实践中大量的承揽合同是口头合同，所以承揽合同多数是不要式合同。对于生产上的承揽合同或者需较长时间才能完成的项目，应当采用书面合同形式。

（六）技术合同

1. 技术合同概述

技术合同是当事人就技术开发、转让、咨询或者服务订立的确立相互之间权利和义务的合同。技术合同包括技术开发合同、技术转让合同、技术咨询合同和技术服务合同四种。

2. 技术合同的特点

技术合同不同于经济合同和其他合同，它在本质上不是经济合同的一种。它与其他合同的主要区别在于：

（1）技术合同的标的是知识形态的商品，即以科学技术成果或技术为社会提供的服务；而一般的民事合同和经济合同的标的则主要是物质形态的商品或服务，反映的是物质商品在生产或流通领域中的经济关系。因此，科技合同内容完成后是以科技成果这一特殊方式交付的。

（2）技术合同具有很强的计划性。它发生在科学技术活动当中，包括科学研究和技术开发、科技成果的转让和推广利用，为社会提供技术咨询和技术服务等。因此，承担的单位在履行合同条款过程中，必须符合国家的法律规定，严格按照国家的计划要求执行。

（3）技术合同所确立的权利与义务关系，不是物质形态的财产所有权及相关财产权利的分配，而是通过脑力劳动产生的知识产权的归属和利用，从而产生的财产关系。

（七）委托合同

1. 委托合同概述

委托合同，又称委任合同，是指委托人和受托人约定，由受托人处理委托人事务的合同。其中委托他方处理事务的人为委托人，接受他方委托并处理其事务的人为受托人。

2. 委托合同的法律特征

（1）委托合同是基于双方当事人的信任而产生的。委托他人代为处理事务，必须是以委托方对受托方的办事能力和信誉有所了解，并相信他能办好为基础的。因此，受托方负有忠诚、勤勉地为委托方处理事务的义务。任何一方对对方的不信任，都会导致委托合同的终止。

（2）委托合同为诺成合同。只要双方当事人就委托事务达成一致，即成立委托合同关系，而不以当事人的实际履行作为合同成立的条件。

（3）委托合同既可为有偿合同，也可为无偿合同。由于现代社会关系的复杂化，被委托的事务往往需要受托人投入相当的人力、物力和财力，因此委托合同可以是有偿的。至于有偿与否，完全由当事人自由协商而定，法律原则上不予干预。

三、合同格式条款

（一）格式条款的概念

格式条款又称为标准条款，是指当事人为了重复使用而预先拟定，并在订立合同时未与对方协商的条款，如保险合同、拍卖成交确认书等都是格式合同。

（二）《合同法》对格式条款的使用限制

我们到商店里去买东西，商店里贴的告示、顾客须知，实际上就是一种格式合同。那么，对于顾客来说，这些格式合同只有两种选择，要么接受，要么拒绝。因此，法律为了维护不提供格式一方当事人的利益，对于格式合同的内容有一系列限制性的规定，这些规定主要有三个方面。

首先，提供格式条款的一方有提示说明的义务，应当采取合理的方式提醒对方注意免除或限制其责任的条款，并按照对方的要求对该条款予以说明。

例如，商品房买卖，房屋面积的差额在 3% 以内是正常的。如果消费者买 147 平方米的房子，房地产开发公司少做了 2 平方米，或者少做了 1 平方米，就不能说对方违约。这个范围之内的偏差是允许的，无须承担违约责任。又如，在保险合同保单的反面就是投保人须知，告知在哪些情况下，保险公司不承担赔偿责任。

格式条款若有两种解释，应当做出不利于提供格式合同条款的解释。若有条款与格式条款不一致的，应当采用非格式条款，这体现了法律保护弱者的原则。例如，保险合同的格式条款，如果需要解释的，也是按照不利于保险公司的解释来处理。对购房合同也可以对这个格式合同空白的地方，添加补偿协议，或者附加协议。如果附加协议和补偿协议内容跟格式合同的内容不一致，那么应该按照附加协议、补偿协议来执行，而不按格式合同来执行。

其次，某些格式条款存在无效的情况：

（1）提供格式条款的一方免除自己责任，加重对方责任，排除对方主要权利的格式条款无效。

（2）格式条款有《合同法》第五十二条规定的情形时无效。

（3）具有《合同法》第五十三条规定的两种情况，即造成对方人身伤害的免责条款和因故意或重大过失造成对方财产损失的免责条款无效。例如，建筑公司与建筑工人签的格式合同当中有一条，说被聘用人员在施工过程当中，如果因为不可抗力，或者其他意外事件发生造成人身伤害，本公司概不负责。这种免责条款就属于格式条款无效。

最后，对格式条款的理解发生争议的，应当按照通常理解予以解释。对格式条款有两种以上解释的，应当做出不利于提供格式条款一方的解释。格式条款和非格式条款不一致的，应当采用非格式条款。

四、合同的效力

（一）合同效力的含义

合同效力，是指依法成立的合同的约束力。对合同效力应从以下三方面来理解：

第一，合同效力是合同本身的强制力，表现为对合同的自觉遵守和不履行合同义务应承担责任乃至制裁。合同的目的是通过履行而实现的，在合同履行中，当事人对合同义务的遵守，其根本动因不在于合同利益的驱使、诚实信用等道德因素，而在于合同的强制力；同时，不履行合同义务，一定会产生相应的责任，并因此承担相关法律后果。

第二，合同效力是一种法律保护力，合同和合同权利是依靠法律的保护力维持的。依法成立的合同本身，不受任何单位和个人的非法干涉及非法侵害；合同和合同权利的实现，均受国家法律的保护。因此，不被法律保护的合同，不可能存在合同效力的问题。

第三，合同效力，实际上是合同的实效力。合同实效力，就是实现合同目的的确定性。合同目的实现，包括对合同遵守的必然性和对违反合同制裁的必然性。如果能够做到履行合同义务、实现合同权利，则说明该合同是有实效的。每个合同失去了实效力并不一定意味着失去效力。因此，我们认识和把握合同效力的含义，应当更多地从合同的实效力方面来理解，离开合同的实效力谈论合同效力，没有什么实际意义。

（二）合同效力的范围

合同效力的范围是合同效力的实质内容，它解决合同从何时生效到何时失效，解决对什么人发生效力的问题。合同效力的范围包括下列内容：

1. 对订立主体的效力

合同的订立主体，是合同当事人。合同对订立主体的效力，主要表现在：（1）对履约人的效力。合同订立后，双方当事人依照合同规定享受权利并承担义务，但有些场合，存在一方或双方将合同权利或者合同义务转移给他人履行的情况，使他人成为合同的履行人。他人能否成为履约人，对新履约人有何限制和要求，这些都取决于合同的规定。（2）对承担合同义务的效力。当事人双方必须全面履行合同规定的义务，以实现对方合同权利、完成合同义务。针对不履行合同义务、不全面履行合同义务和迟延履行合同义务的事实所设置的请求权、对抗权，如同时履行抗辩权和异地履行拒绝权以及履行监督权、合同解除权，等等，都表现了合同的效力。（3）对合同责任的效力。违反合同义务的后果是承担合同责任。合同的效力，要求责任者必须承担不利的法律后果，接受违约金、赔偿金的制裁。（4）对合同权利的效力。合同权利是合同规定的权利人所依法享有的权利，其合同效力表现为债权的请求力、执行力和保持力。但权利人越权或者滥用权利以及使义务人承担合同外义务，都为法律所禁止。（5）对附随义务的效力。与履行合同义务相关联的附随义务，也为合同所约束，如注意义务、催告义务、通知义务、减轻损害义务、举证义务等等，附随义务是与合同义务伴生的，与合同义务有不可分割的联系。

2. 对第三人的效力

《合同法》上的"第三人"，是指除合同双方当事人之外，直接参与合同法律事实的人。但并不是说凡是相对于合同双方当事人之外的人都是第三人。第三人有两种情况：一个是"第三方受益合同"中的第三人；另一个是与合同权利义务有直接利害关系的人。

第三方受益合同是当事人订立合同时，按规定给第三方以一定的合同权利的合同。第三方为主张、实现自己的权利，有权要求义务人履行合同义务，它是该合同的第三人；与合同权利义务有直接利害关系的人，包括保证人，如合同担保人和标的物所有权保证人以及履行代替人、第三债务人等。

对第三人权利的效力。在第三方受益合同中，受益的第三人享有约定的可以实施的权利，对合同当事人不履行约定，该第三人有赔偿请求权和诉讼权；承担连带责任和偿还义务的第三人，拥有对合同义务人的抗辩权、追偿权；作为履行代替人的第三人，享有全部合同权利；对于合同标的物拥有权利和要求的第三人，享有对该标的物的部分或全部所有权或担保利益。

对第三人恶意行为的效力。第三人恶意行为一般有两种情况：第一种情况是合同代理人与第三人恶意串通，损害被代理人的合同权益；第二种情况是任何第三人特别是竞争对手非法干预合同的履行。对于第一种情况，代理人和第三人承担赔偿损失的责任；在第二种情况，可由合同当事人行使排除妨碍请求权和损害赔偿请求权。

3. 对关联主体的效力

关联主体主要是经济主体。在相关合同关系中，经济主体与某项合同有实质上的经济联系，因而存在责任问题。合同对关联主体的效力，主要集中在产品质量责任和担保责任上，同时合同一方当事人具有对关联主体的追偿权。

（三）合同效力与法律效力、法律约束力的区别

合同效力与法律密不可分。合同的成立、合同的履行、合同的变更和解除以及合同责任等都是法律调整的结果，合同效力是法律效力的表现和结果。但合同效力与法律效力、法律约束力是不能等同的，不能相互替代使用。

合同是当事人之间协商一致的表现形式，它产生于当事人并在当事人之间发生作用，其效力也只能是合同本身的效力；而法律效力，是国家制定的法律、法规等规范性文件的

效力。因此，合同本身的效力与法律本身的效力属于不同的范围。推而言之，任何一项合法行为的效力，都是它本身的效力。合同的效力不等于法律效力，因为依法成立的合同，具有法律上的效力。法律上的效力与法律效力不同，是说明从法律上有效。

法律约束力与法律效力没有实质性区别，只是概括的角度不同。法律效力强调有效性，着眼于有效还是无效；法律约束力强调制约性，着眼于约束与被约束。对于合同当事人来说，采用"法律上的约束力"比较恰当。

第二节　商务合同的订立与生效

一、商务合同的订立

（一）商务合同订立的概念

1. 商务合同主体

商务合同主体，是指在商务活动中订立商务合同的当事人，合同订立的主体既包括自然人，也包括法人和其他组织。

自然人要成为商务合同法律关系的主体，必须具有法律赋予的民事权利和承担相应的民事责任能力。

法人是指具有权利能力和民事行为能力，依法独立享有民事权利和承担民事义务的组织。其他组织一般是指具有一定权利能力和民事行为能力，但不能依法独立享有民事权利和承担民事义务且不具备法人资格的组织。法人和其他组织一经依法成立，就具备相应的权利能力和民事行为能力，可成为商务合同的主体。法人民事权利能力在实践中表现为经国家批准的经营范围，具有特殊性，与自然人权利能力的普遍性不同。同时，法人权利能力与民事行为能力的范围是一致的，超出经营范围的民事活动是无效的，即法人和其他组织超越自己经营范围所订立的商务合同被认定为无效合同。

2. 商务合同订立

商务合同的订立是法律行为，一经订立合同当事人要承担法律责任。合同当事人可以是自然人，也可以是法人或者其他组织，但都应当具有相应的民事权利能力和民事行为能力。

另外，对于法人来讲，法人的行为能力和其权利能力是一致的，而且法人的行为能力范围就是营业执照的业务范围，如果超过这个范围，合同就是无效的。

（二）商务合同的形式

合同的形式是当事人内心意思的外在表示。商务合同的形式是指签订合同的当事人所达成的协议的外在表现形式，是商务合同内容的外在体现。通常使用的商务合同的形式主要有口头形式、书面形式和行为默示形式三种。

1. 口头形式

口头形式合同是指合同当事人只用语言为意思表示订立合同而不用文字表达协议内容的形式。口头形式合同除了有答复期限的约定外，对方应立即做出是否接受的答复，否则合同不能成立。口头形式一般用于一些标的数量不大、当时就可以缔结合同关系的情况。

口头形式合同的优点在于简便、易行、迅速、即时缔结，它对加速商品流转、满足人们日常生活需要有重要作用，因而是社会生活中不可缺少的一种合同。这种合同一旦成立，具有与书面合同同等的法律效力。但口头形式合同缺乏文字根据，一旦当事人发生纠纷，则难以取得证据，不易分清责任。因此，一般关系比较复杂的商务合同不宜采用这种合同形式。

2. 书面形式

传统意义上，书面形式合同是指以文字的方式表现当事人之间所订合同内容的形式。随着科技发展，特别是计算机网络和通信技术的飞速发展，书面形式的合同被赋予了更多全新意义的内容。合同的书面形式包括合同书、信件和数据电文（包括电报、传真、电传、电子数据交换和电子邮件）等，这些都是可以有形地表现所载内容的形式。

书面形式合同是商务合同中最普遍和最重要的合同形式。采用书面合同的原因主要有：（1）法定原因。法律、行政法规规定采用书面形式的，合同应当采用书面形式。（2）约定原因。当事人约定采用书面形式的，合同应当采用书面形式。当事人做出此种约定一般在要约中声明，但也有在合同成立后再做约定的。

书面商务合同的形式一般包括以下三种：

（1）由当事人共同签订的合同书。这种合同形式将双方当事人已经协商一致的各种权利义务记载于共同签署的合同书中，便于日后双方共同遵守。这对于重大的、需要一定时间方能履行的商务合同是最理想的一种书面合同形式。合同书有标准合同书与非标准合同书两种，前者是指商务合同的条款由当事一方预先拟定，对方只能表示全部同意或者不同意的合同书；后者是指商务合同的条款完全由当事人各方协商最后达成一致的合同书。

（2）通过信件的方式协商双方当事人权利义务。这种合同方式特别适用于双方当事人不在同一地点的情况，通过信件表达各自愿望，最后达成签订商务合同的共识。这里的信件是指当事人就要约与承诺内容进行往来的普通信函，其内容一般记载于传统的纸张上，与通过电脑及其网络手段而产生的电子邮件相区别。

（3）通过数据电文的方式来协商双方当事人权利义务。数据电文，包括电报、电传、传真、电子数据和电子邮件等。这种合同方式是传统信件方式的延伸，它比信件方式更加快捷方便。现代信息社会通过先进的计算机网络和通信技术手段，数据电文已经广泛进入社会的各个领域，为人们快速高效地传递各种商务信息，可以使当事人更加快捷地从事商务活动。在商务活动日益频繁的情况下，将数据电文作为商务合同书面形式从立法上予以肯定，对提高商务活动的效率、大力发展商务无疑具有十分重要的意义。《合同法》中的这一规定也是我国顺应科技发展最典型的例证之一。

3. 行为默示形式

行为默示形式是指商务合同当事人以某种表明法律意图的行为，间接地表示合同内容的合同形式。在实践中行为默示合同分为两类：一是法定默示合同，即按照法律规定必然推定存在的合同，如在产品买卖合同中已经附加产品使用安全的默示担保。二是依事实推定默示合同，即受约人虽没有向要约人明示的承诺，但以实际行为做出承诺的形式，如出卖人以发货表示接受要约。

（三）书面合同的格式

对于书面形式的商务合同，不管是标准合同还是非标准合同，都有一定的格式，主要表现为条文式、表格式及条文表格结合式。合同的主要内容一般由三部分构成：

（1）合同首部，载明合同的名称、编号、缔约日期、缔约地点、当事人的姓名或者名称（全称）以及指定代表人或者代理人的姓名等。

（2）合同主干部分，规定当事人双方的权利和义务，包括合同的各项条款，如货物名称、品质、规格、数量、包装、价金、交货方式及日期、付款方式与日期、违约责任等。

（3）合同结尾部分，包括合同有效期限、合同份数、效力、附件情况、双方当事人单位和代表人签字盖章、签约日期等。

二、商务合同的订立程序

当事人订立合同，应当具备相应的资格，即具备相应的民事权利能力和民事行为能力。当事人依法可以委托代理人订立合同。

（一）要约

1. 要约的定义及条件

所谓要约，是指希望和他人订立合同的意思表示。要约应具备以下几个条件：

（1）内容要具体确定，即表达出订立合同的意思。

（2）要约必须表明经受要约人承诺，要约人即受该意思表示的约束。

（3）要约到达受约人时生效。若采用数据电文会有其他的一些要求。要约到达受约人，并不是指要约一定要实际到达受约人或者其指定代理人的手里，只要这个要约送达到受约人通常的地址，就视为要约送达。采用数据电文形式订立合同，收件人指定特定系统接收数据电文的，该数据电文进入该特定系统的时间，视为到达时间；未指定特定系统的，该数据电文进入收件人的任何系统的首次时间，视为到达时间。

2. 要约邀请

要约邀请是希望他人向自己发出要约的意思表示，不属于订立合同的行为。要约邀请是合同的准备阶段，包括价目表、招标公告、招股说明书、商业广告等，但悬赏广告则视为要约。

要约与要约邀请有所区别：

（1）要约是希望和他人订立合同的意思表示，表明经受要约人承诺，要约人即受该意思表示约束，具有法律约束力。

（2）要约邀请是希望他人向自己发出要约的意思表示，其目的是邀请他人向自己发出要约，自己如果承诺才成立合同，没有法律约束力。

（3）根据《合同法》的规定，寄送的价目表、拍卖公告、招标公告、招股说明书均属于要约邀请。

3. 要约的撤回、撤销与失效

要约可以撤回。撤回要约的通知应当在要约到达受约人之前或者与要约同时到达受要约人。

要约可在发出以后还没有生效以前撤回。要约到达受约人的时候生效，因此实际上，要约撤回要先于或同时与要约一起到达，才可以撤回要约。

而要约的撤销与撤回不同。撤销是指要约生效后，受要约人尚未做出承诺之前取消。而撤销要约的通知应当在受要约人发出承诺通知之前到达受要约人。但有下列情形之一的，要约不得撤销：（1）要约人确定了承诺期限或者以其他形式明示要约不可撤销；（2）受要约人有理由认为要约是不可撤销的，并已经为履行合同做了准备工作。

有下列情形之一的，要约失效：

（1）拒绝要约的通知到达要约人。例如，我向张三发出一个要约，要跟他订一个买卖合同，张三给我打电话明确告诉我，他不跟我订买卖合同。这样，我的要约就是无效的。

（2）要约人依法撤销要约。

（3）承诺期届满，受要约人未做出承诺。例如，我向李四发出一个要约，同时我规定，如果他同意的话，要在一个星期内给我答复。但过了一星期李四没有任何消息，因此可以认为要约失效了。

（4）受要约人对要约的内容做出实质性变更。实质性的变更实际上就是一个新的要约，或者叫作反要约，原来的要约也就失去了效力。如甲方向乙方订 500 台彩电，要求每台价格为 2 500 元，这就是甲方向乙方发出要约。乙方回信说，可以供 500 台彩电，但是每一台的价格要 2 600 元。这就对甲方的要约做出了实质性变更，等于说乙方向甲方发出了新的要约，或者叫反要约。由于出现了这种反要约，甲方原来发出的要约失效。

（二）承诺

所谓承诺是指受要约人同意要约的意思表示。它应当具备以下条件：

（1）承诺必须由受要约人做出；

（2）承诺必须向要约人做出；

（3）承诺的内容必须与要约的内容一致；

（4）承诺必须在有效期限内做出。

承诺一般是以通知的形式进行。这种通知的方式可以是口头的方式，也可以是书面的形式。另外可以根据交易习惯或者当事人之间的约定，承诺也可以不以通知的形式，而以一定的行为或者其他的形式做出。要约以对话形式做出的，应当即时做出承诺，但当事人另有约定的除外；要约以非对话形式做出的，承诺应当在合理期限内到达。

承诺具有一定的期限：①要约以信件形式做出的，承诺期限自信件载明的日期开始计算；信件未载明日期的，自投寄该信件的邮戳日期开始计算。②要约以电话、传真形式做出的，承诺期限自要约到达受要约人时开始计算。③承诺应当在要约确定的期限内到达要约人。受要约人超过承诺期限发出承诺的，除要约人及时通知受要约人该承诺有效外，均为新要约。

受要约人的承诺按照通常情形能够到达要约人，但因为其他原因，承诺到达要约人超过承诺期限的，除要约人及时通知受要约人，因承诺期限过期不接受该承诺的以外，该承诺有效。承诺的法律效力表现为承诺生效时合同成立。承诺自通知到达要约人时生效。承诺不需通知的，根据交易习惯或要约的要求作出承诺的行为时生效。

在承诺通知到达要约人之前，可以撤回承诺。该撤回通知可与承诺通知同时到达要约人。承诺可以撤回，但不可以撤销；要约既可以撤回，也可以撤销。

受要约人对要约的内容做出实质性变更的为新要约。凡是对合同标的数量、质量、价款做了改变，那就是实质性的变更。如果承诺对要约的内容做出非实质性变更，除要约人及时表示反对或者要约者承诺对要约的内容做出变更以外，该承诺有效，合同的内容以承诺的内容为准。

三、合同生效

（一）合同生效的含义

所谓合同生效，是指已经成立的合同在当事人之间产生了一定的法律约束力，也就是通常所说的法律效力。此处所指法律效力并不是指合同能够像法律那样产生约束力。合同本身并不是法律，而只是当事人之间的合意，因此不能具有法律一样的效力。而所谓合同的法律效力，只是强调合同对当事人的约束性。

合同的成立必须具备成立要件。但合同成立后，能否产生法律效力，能否产生当事人所预期的法律后果，则不是由合同当事人的意志所能决定。只有符合生效条件的合同，才能受到法律的保护；而不符合生效条件的合同，尽管其已经成立，并且也可能反映当事人之间事实上发生了一定的经济往来关系，但是这种合同及其所反映的经济往来关系不仅得不到法律的保护，而且往往还要受到法律的制裁。《中华人民共和国民法通则》（下文简称《民法通则》）第八十五条规定："合同是当事人之间设立、变更、终止民事关系的协议。依法成立的合同，受法律保护。"这里所指的依法成立的合同，应当理解为既具备成立要件也具备生效要件的合同，而不能理解为当事人所成立的合同。显然，此处规定是将当事人成立合同的行为与法律对这种合同行为的认可做了严格的区分。而规定的另一层含义是，合同虽是当事人之间的协议，但未依法成立的合同，不受法律保护。

（二）合同生效的要件

所谓合同的生效要件，是指已经成立的合同发生完全的法律效力所应当具备的法律条件。合同生效的要件和成立要件是不同的，合同具备了成立要件，合同将宣告成立，但已经成立的合同必须符合一定的生效要件，才能产生法律拘束力。合同生效要件是判断合同是否具有法律效力的标准。我国《民法通则》第五十五条规定，"民事法律行为应当具备下列条件：（1）行为人具有相应的民事行为能力；（2）意思表示真实；（3）不违反法律或者社会公共利益"，这是合同的一般生效要件。许多特殊合同也可能有一些特殊的生效要件，例如技术引进合同需要经过国家有关部门的批准才能生效。然而《民法通则》的规定基本上概括了一般合同的生效要件，现就这些要件详述如下。

1. 合同当事人须有合同履行能力

当事人是否具有合同履行能力，依合同主体的不同而有所不同。根据《民法通则》的规定，合同履行能力可以分为自然人与非自然人两种情况。在自然人作为合同主体的情况下，合同当事人有无缔约行为能力，是根据其民事行为能力的状况来确定的。而自然人的民事行为能力则根据其年龄和精神状态划分为完全行为能力、限制行为能力和无行为能力三种。凡年满18周岁的公民，只要不属于不能完全辨认自己行为的精神病人，都是具有完全民事行为能力的人，这些人都具有订立合同的民事行为能力。16周岁以上不满18周岁且精神状态正常的公民，以自己的劳动收入为主要生活来源的，视为完全民事行为能力人，这类公民也应视为有订立合同的民事行为能力。具有完全民事行为能力的公民，可以订立一切法律允许自然人作为合同主体的合同。10周岁以上的未成年人和不能完全辨认自己行为的精神病人属于限制民事行为能力人。前者只能实施某些与其年龄、智力相适应的民事活动，后者只能实施某些与其精神健康状态相适应的民事活动。

因此，这类限制民事行为能力人作为合同主体的资格是受到严格限制的。一般来讲，他们只能订立一些与其本人生活相关、本人的智力或者精神状态能够理解其行为并能预见行为后果、行为标的数额不大的合同。他们如果要订立其他合同，则必须由其法定代理人代理，或者征得其法定代理人同意后才能进行。从实际情况看，限制民事行为能力人所订立的合同，一般限于生活领域内，属于生产领域内的合同并不多见。凡不满10周岁的未成年人和不能辨认自己行为能力的精神病人，属于无民事行为能力人。无民事行为能力人不能成为合同的主体，他们不能独立订立任何合同，而只能由其法定代理人代理订立合同。最高人民法院的司法解释还进一步规定："无民事行为能力人、限制民事行为能力人接受奖励、赠予、报酬，他人不得以行为人无民事行为能力、限制民事行为能力为由，主张以上行为无效。"也就是说，限制民事行为能力人和无民事行为能力人，对于那些使其享受法律上的利益，而丝毫不负担任何法律义务的合同，可以无条件地作为这类合同的主体。

非自然人作为合同主体的情况，主要包括法人组织和非法人组织。前者如企业法人以及机关、事业单位和社会团体法人，后者如个人独资企业、个人合伙企业、非法人企业、非法人联营企业以及其他非法人的社会组织。这类合同主体一般都具有订立合同的民事行为能力。

2. 合同当事人意思表示真实

合同双方当事人意思表示一致，合同即告成立。而已成立的合同欲发生法律效力，还必须双方的意思表示真实。

意思表示真实，是指当事人意思表示自由，能够在认识自己的意思表示的法律效果的前提下，其外部表示出来的意思与其内心的真实意图一致。

意思表示不真实，又称为意思表示的瑕疵，是指当事人的意思表示与其内心真实意图呈不一致的状态。意思表示瑕疵，依据瑕疵是否基于表意人本身的原因，可以分为主观原因的不真实和客观原因的不真实。

主观原因的不真实，是由于表意人自身原因造成的不真实，它是由于表意人自己有意或者怠于注意所致。表意人故意的不真实，是表意人明知自己的内心意图与外部表示不一致的意思表示。

客观原因的不真实，是指因表意人受他人不正当干涉，在非自觉或非自愿的基础上，做出的与其内心意思不一致的表示。表意人的表示行为，可能是因对方的欺诈、胁迫、乘人之危等所做出的。这些行为严重地破坏了意思自治原则，表意人的表示行为并不包含其真实的效果意思，因而其意思表示行为是无效的。

意思表示不真实对合同效力的影响并不一定是无效，应区别情况具体分析。在确定合同效力时应考虑以下三方面因素：一是有利于保护表意人的正当权利；二是有利于维护正常交易的安全；三是有利于维护《合同法》的尊严。如果意思表示不真实或含有违法或损害第三人权益的因素，则应认定合同无效，任何一方当事人均可主张。例如不含违法因素，并且只牵扯到合同当事人双方的利益，则一般可认为是可撤销的合同，但撤销权应由意思表示不自由的人或无过错的当事人享有，有过错的当事人一般不应享有。

3. 合同不违反法律或社会公共利益

不违反法律或者社会公共利益是合同生效的绝对必要条件。前两个条件不具备，当事人还可采取一些补救措施，而违反法律或者社会公共利益的合同，则绝对无效，当事人不能采取任何措施使其生效，否则可能会因此受到法律制裁。

合同的违法包括合同内容和合同目的两方面。合同内容违法，合同自然无效。但是，即使合同内容合法，如果合同的目的违法，合同也是无效的。例如，租赁房屋生产假冒伪劣商品，则该租赁合同无效。

合同不得违反法律，不仅包括民法，而且包括其他法律法规。由于我国部分领域是靠国家政策来调整的，在这些领域，合同也不能违反国家政策。

合同还不得违反社会公共利益。社会公共利益是一个很抽象的概念。凡是我国社会生活的政治基础、社会秩序、道德准则、社会风俗等均可归入社会公共利益范围。不得违反社会公共利益是民法的基本原则之一，在民法的各项制度中都适用。因此，合同法也适用这一原则。

4. 合同的内容必须确定和可能

合同的内容，是当事人借以确定各自权利义务的根据。合同生效后如何履行，履行中如果发生纠纷怎样判断，都要依据合同内容的规定来确定。因此，法律就要求合同的内容必须确定。合同内容确定，是指合同内容在合同成立时必须确定，或者必须处于可以确定的状态。所谓"处于可以确定的状态"，是指合同中包含了约定将来确定内容的方法；或者依照法律规定可以确定合同的内容，以补充当事人意思的不足；或者可依照交易习惯和商业惯例确定合同的内容；或者由法院或仲裁机构，依据对合同行为的解释，能够最终确定合同的内容。但凡合同内容已预先确定，或者依据上述四种方法可于将来确定的，就可以生效，否则无法生效。

合同的内容必须确定或可能。合同的内容可能，是指合同所规定的特定事项在客观上有实现的可能性。内容可能又称为标的可能。以客观上不可能实现的事项作为合同内容，理论上称为标的不能。标的如果不可能实现，则合同行为不发生法律效力。

我国《民法通则》虽未将合同内容的确定和可能规定为合同的生效要件，但纵观各种类型的合同，其内容的确定和可能都是应有之义，否则便无法实现当事人缔结合同的目的。从这个意义上说，合同的生效要件应包括内容的确定和可能。

（三）合同生效的时间

所谓合同生效的时间，是指合同开始产生法律效力的时间。合同一般以其成立时间为生效时间，但有些合同根据法律规定或者当事人约定需要在特定的时间才生效。合同生效的时间，有以下几种：

1. 以成立时间为准

合同一般以承诺生效的时间为成立时间，但有些合同因其性质和订立方式、形式等不同，其成立的时间也不相同。因此，合同分别以下列成立时间为生效时间：

（1）承诺生效的时间。在一般情况下，合同自承诺生效时成立。其中，受要约人以通知做出承诺的，该合同自承诺通知到达要约人时生效；受要约人根据交易习惯或者要约的要求以行为做出承诺的，合同自该行为做出之时生效。

（2）当事人签字或者盖章的时间。如前所述，根据《合同法》规定，当事人采用书面形式订立合同的，自双方当事人签字或者盖章时合同生效；签字或者盖章不在同一时间的，最后签字或者盖章时合同生效。

2. 以批准、登记时间为准

对法律、行政法规特别规定应当办理批准、登记等手续才能生效的合同，当事人办理这些手续是合同生效的必备要件。办理批准、登记等手续生效的合同，只是少数合同，且必须有法律或者行政法规的明确规定；法律、行政法规没有规定的，当事人不必向国家有关主管部门办理有关手续。例如，《中华人民共和国专利法》第十条规定："全民所有制单位转让专利申请权或者专利权的，必须经上级主管机关批准。""中国单位或者个人向外国人转让专利申请权或专利权的，必须经国务院有关主管部门批准。"也有一些合同依照法律规定，当事人必须将书面的法律行为交主管机关审核、登记方为有效。例如，《民法通则》第四十一条规定："在中华人民共和国领域内设立的中外合资经营企业、中外合作经营企业和外资企业，具备法人条件的，依法经工商行政管理机关核准登记，取得中国法人资格。"

法律、行政法规规定应当办理批准、登记等手续生效的，合同自国家有关主管部门办理批准、登记时生效。当事人若未按规定办理上述批准、登记等手续（这实际上是特殊的书面形式）的，该合同即使成立也没有生效。

需要指出的是，如果法律、行政法规未规定，而当事人在合同中特别约定必须办理有关手续（主要是登记、公证、鉴证）的，该合同也应当自办理这些手续时生效。

3. 以条件成就或期限到来的时间为准

（1）以条件成就的时间为生效时间。所谓附效力条件的合同，是指当事人双方约定某一条件成就时生效或者失效的合同。它包括两种：附生效条件的合同和附解除条件的合同。附解除条件的合同，自该条件成就时，合同解除不具有法律效力。附生效条件的合同，是指当事人双方约定某一条件成就时才能产生法律效力的合同。例如，甲与乙签订某产品的买卖合同，并约定该合同自出卖人甲生产出该产品时生效，这就是附生效条件的合同。这种合同成立后，只有在约定的条件成就（出现或者实现等）时才在当事人之间产生法律效力。如果约定的条件没有成就，则成立的合同没有生效。

需要指出的是，在附生效条件的合同中，如果一方当事人为自己的利益不正当地阻止条件成就的，视为条件已成就；不正当地促成条件成就的，视为条件不成就。当事人是否正当促成或者阻止生效条件成就，应根据有关法律规定和该条件的性质、交易习惯及当事人的行为等具体情况来确定。例如，当事人约定待树上苹果成熟时该物的买卖合同才生效，出卖人用不正当的催熟技术使苹果早熟，这就属于不正当地促成条件成就，因为苹果应按其自身的生长规律自然成熟，此时合同仍然未生效。当然，如果一方当事人为了对方利益或者经对方同意，按正常方法努力阻止或者促成约定的条件成就时，则不属于不正当。

（2）以期限届至的时间为生效时间。所谓附效力期限的合同，是指当事人双方约定一定期限届至时生效或者失效的合同。它包括两种：附终止期限的合同和附生效期限的合同。附终止期限的合同，自该期限届至时合同不具有法律效力。附生效期限的合同，是指当事人双方约定一定期限届至时才能产生法律效力的合同。例如，甲与乙签订租赁合同，并约定该合同自成立 2 个月后生效，这就是附生效期限的合同。对于这种合同，其成立后，只有在约定的期限届至时才在当事人之间产生法律效力。当该期限未届至时，合同不生效。如在上例中，租赁合同在约定的 2 个月期限最后一天到来时才生效；在此之前，该合同虽成立，但并未生效。

第三节 商务合同的履行

一、商务合同履行概述

（一）合同履行的概念

合同履行，是指合同的双方当事人正确、适当、全面地完成合同中规定的各项义务的行为。合同生效后，当事人不得因姓名、名称的变更或法定代表人、负责人或承办人的变动而不履行义务。

在社会生活中，人们之所以要磋商和订立合同，以自己的某种具有价值的东西去与别人交换，无非是期望能获得更大的价值，创造更多的财富。而这一价值能否实现，完全有赖于双方订立的合同能否真正得以履行。如果仅仅是订立了合同而没有实际履行合同，那么不仅为争取签约的所有努力都会无效，而且还可能导致经济和信誉上的严重损失。因此，履行合同是实现合同目的最重要和最关键的环节，直接关系到合同当事人的利益。

（二）合同履行的原则

合同履行的原则是合同当事人在履行合同义务时所应遵循的基本准则，用以指导当事人具体地去实现合同，处理现实的履行过程中发生的各种情形。

首先，合同履行原则具有抽象性。合同履行原则并未明确规定当事人之间的具体权利义务关系，反映的是法律对合同履行的基本要求及价值评判，其精神、宗旨是由合同履行的具体条文来实现的。其次，合同履行原则具有指导性，是指导当事人正常完成合同义务的基本法律准则。再次，合同履行原则是对当事人完成合同义务普遍适用的准则。合同履行原则不是只适用于某一类合同履行的准则，而是对各类合同履行都普遍适用的准则，是各类合同履行都具有的共性要求或反映。

1. 全面履行原则

《合同法》第六十条规定："当事人应当按照约定全面履行自己的义务。"这一规定，确立了全面履行原则。全面履行原则，又称适当履行原则或正确履行原则。它要求当事人按合同约定的标的及其质量、数量，合同约定的履行期限、履行地点、适当的履行方式全面遵循合同义务的履行原则。依法成立的合同，在订立合同的当事人之间具有相当于法律的效力。因此，合同当事人受合同的约束，履行合同约定的义务应是自明之理。法律谚语中有"契约必须遵守"的说法，而我国的《民法通则》第八十八条第一款也有规定，合同的当事人应当按照合同的约定，全部履行自己的义务。尽管《民法通则》和《合同法》中相对应的规定在用词上有"全部"和"全面"的差别，但实际上表达了相同的意思。因此，我们可以认为，《合同法》在合同履行的问题上确认全面履行原则是对合同法基本原理的强调和重申。全面履行原则在要求合同当事人按合同标的履行合同义务这一点上和实际履行原则的要求相同，但其并不禁止合同当事人变更和解除合同，也允许通过承担违约责任来代替实际履行，因为这也是合同自由的一部分，是市场经济的内在要求。

应该注意的是，全面履行原则尽管要求合同当事人严格履行合同义务，但这只是一个总体性的要求，我们要避免以单一、片面的观点来理解全面履行原则，而这也正是我国《合同法》在合同的履行中规定的另一个重要原则——诚实信用原则的理由。

2. 诚实信用原则

《合同法》第六十条第二款规定："当事人应当遵循诚实信用原则，根据合同的性质、目的和交易习惯履行通知、协助、保密等义务。"此规定可以理解为在合同履行问题上将诚实信用作为基本原则确认。从字面上看，诚实信用原则就是要求人们在市场活动中讲究信用，恪守诺言，诚实不欺，在不损害他人利益和社会利益的前提下追求自己的利益。从内容上看，诚实信用原则并没有确定的内涵，因而有无限的适用范围。它实际上是一个抽象的法律概念，内容极富于弹性和不确定，有待于就特定案件予以具体化，并随着社会的变迁而不断修正自己的价值观和道德标准。从功能上看，诚实信用原则兼有法律调节和道德调节的双重功能，在当事人就合同发生争执时，赋予法官较大的公平裁量权，可以由法官根据合同履行过程中出现的具体情况，做出不同的解释，直接调整合同当事人的权利和义务。有人认为诚实信用原则体现的是人们可以期待的交易的基础；也有人认为诚实信用原则是兼顾当事人双方的利益，求得利益的调和；另有观点认为诚实信用原则旨在谋求利益的公平，而公平就是市场交易中的道德。究其实质，法律条文不过是借用了"诚实信用"这个带有强烈道德色彩的词来寻求利益的均衡，从而促进当事人交易，实现交易所带来的社会经济功能。

随着社会的发展、市场经济实践的丰富及理论研究的深化，人们越来越认识到只有遵守诚实信用才是维护当事人自身利益的最佳方式，才是交易成功的最好保障。因此，诚实信用原则的适用范围逐步扩大，不仅适用于合同的履行，而且扩及合同的订立、解释及所有与合同有关的权利的行使及义务的履行，成为整个合同法甚至民法的基本原则。因此，诚实信用原则成为合同法以至民法的最高指导原则，被称为"帝王原则"或"帝王条款"。正因如此，《民法通则》第四条就规定了诚实信用原则，指导一切权利的行使和所有义务的履行，而《合同法》第六十条又将其作为基本原则加以规定。根据诚实信用原则的要求，当事人在履行合同时至少应做到以下几点：①债务人不得履行自己已知有害于债权人的合同，于此种情形，债权人可以请求撤销合同；②在以给付特定物为标的义务的合同中，债务人于交付物之前，应履行善良管理人的注意义务；③在发生不可抗力或者其他原因使合同不能履行或者不能按预定条件履行时，债务人应及时通知债权人，以便双方协商处理合同债务；④在合同就某一有关事项未规定明确时，债务人应依公平原则并考虑事实状况合理履行。

3. 情势变更原则

情势变更原则，是指合同成立后至履行完毕前，合同存在的基础和环境，因不可归责于当事人的原因发生变更，若继续履行合同将有失公平，故允许变更合同或者解除合同的法律制度。

情势变更原则的适用条件有以下几点：

第一，须有情势变更之事实。这是适用情势变更的前提条件。所谓"情势"，是指作为合同法律行为基础或环境的一切客观事实。包括政治、经济、法律及商业上的种种客观状况，具体如国家政策、行政措施、现行法律规定、物价、币值、国内和国际市场运行状况等等。所谓"变更"，是指这种情势在客观上发生异常变动。这种变更可以是经济的变动，如通货膨胀、币值贬值等；也可以是非经济因素的变动，如战争导致的封锁、禁运等。该事实是否构成情势变更，应以是否导致合同赖以成立的基础丧失、是否导致当事人目的不能实现以及是否造成对价关系障碍为判断标准。

第二，情势变更须发生在合同成立以后，履行终止之前。这是适用情势变更原则的时间要件。只有情势的变更发生在合同成立之后，合同关系解除之前，才能适用情势变更原则。在订约时，如果发生情势的变更，当事人不得主张适用情势变更原则。若债务人迟延履行合同债务，在迟延期间发生了情势变更，则债务人不得主张适用情势变更原则，因为债务人如果按合同规定履行就不会发生情势变更。

第三，情势变更须是当事人所不能预见的，且具有不可预见之性质。这是适用情势变更原则主观要件的一个方面。情势变更是否属于不可预见，应根据当时的客观实际情况及商业习惯等作判断标准。当事人事实上虽然没有预见，但法律规定应当预见或者客观上应当预见的，则不能适用情势变更，因为当事人对自己的主观过错应当承担责任；如果仅有一方当事人不可预见，则仅该当事人可主张情势变更。如果当事人在订约时对于某种情势已有预见，则表明当事人考虑到这种因素并自愿承担该情势发生的风险，则不应适用情势变更原则。但对于发生概率很低的某种情况，尽管当事人在订约时会预见这些情况可能发生，但仍应依情势变更原则处理。

第四，因情势变更而使原合同的履行显失公平。这是适用情势变更原则的实质要件。情势变更发生以后，如果继续按原合同规定履行义务，将会对一方当事人产生显失公平的结果。适用情势变更原则是为了平衡当事人之间的利益，消除合同因情势变更所产生的显失公平，赋予一方当事人变更或解除合同的权利。

二、商务合同的变更、转让和终止

（一）合同的变更

1. 什么是合同的变更

合同的变更，是对原订合同的内容进行修改或补充。它是指合同在没有履行或者没有完全履行之前，由于实现合同的条件发生变化，合同关系的当事人依据法律规定的条件和程序，对原合同的某些条款进行修改或补充。

2. 合同的变更特点

（1）被变更的合同必须是已经发生法律效力的合同。无效的合同，从订立的时候起就没有法律约束力，因而不存在变更问题。合同虽然合法，但还没有发生法律效力，对当事人没有约束力，也不存在变更的问题。

（2）被变更的合同必须尚未履行或正在履行过程中，如果已经履行完毕，合同已终止，也不存在变更的问题。

（3）合同的变更有狭义和广义之分。狭义的变更是指合同内容的变更，即在主体不变的条件下，对合同某些条款进行修改或补充。广义的合同变更，除包括合同内容的变更以外，还包括合同主体的变更，即由新的主体取代原合同的某一主体，这实质上是合同转让。合同内容的变更，是当事人之间债权债务关系的某种变动，它是本质意义上的变更；而主体的变更，则是合同某一主体与新的主体设立债权债务关系，因而它不是真正意义上的合同变更。

合同内容的变更，是指在合同没有履行或没有全部履行之前，由于一定的原因，由当事人对合同约定的权利义务进行局部调整。这种调整，通常表现为对合同某些条款的修改或补充。例如，买卖合同标的物数量的增加或减少、交货时间的提前或延期、运输方式和交货地点改变等都可视为合同的变更。

（4）合同的变更，是当事人之间的一种法律行为，因此除法律另有规定者外，合同的变更应达成协议；协议未达成之前，原合同仍然有效。

（5）一般情况下，合同的变更必须双方协商一致，并在原来合同的基础上达成新的协议。合同的任何内容都是经过双方协商达成的，因此变更合同的内容须经过双方协商同意。任何一方未经过对方同意，无正当理由擅自变更合同内容的，不仅不能对合同的另一方产生约束力，反而构成违约行为。由于合同变更必须经双方协商，所以在协议未达成以前，原合同关系仍然有效。如果当事人对变更的约定不明确，则视为未变更。

（二）合同的转让

1. 合同转让的概念

合同的转让，即合同主体的变更，是指合同的一方当事人将合同的全部或者部分权利义务转让给第三人，而合同的内容并不变更。

合同的转让，体现了债权债务关系是动态的财产关系这一特性。合同的转让，必须以合同有效为前提，否则合同的转让就没有合法的依据。

2. 合同转让的特点

（1）合同的转让并不改变原合同的权利义务内容。一方面，合同的转让是对合法有效的合同权利或义务的转让，如果原合同因被确认无效或被撤销，或者已经发生了解除，则不能发生转让。另一方面，合同转让原则上并不引起原合同内容的变更。因为合同的转让旨在使原合同的权利义务全部或部分地从合同一方当事人转移给第三人，因此受让的权利和义务既不会超出原权利义务的范畴，也不会从实质上更改原合同的权利义务内容（如将买卖换成租赁）。转让后的合同内容与转让前的合同内容的同一性，正是由债权债务的稳定性及转让的性质所决定的。如果在合同转让过程中受让人希望变更原合同的内容，那么必须在合同转让已经完成以后，由转让人和受让人之间通过协商变更合同的内容，当然此时已不再是合同的转让问题而是合同变更的问题。

（2）合同的转让将发生合同主体的变化。合同的转让通常会导致第三人代替原合同当事人一方而成为合同当事人，或者由第三人加入合同关系之中成为合同新当事人。由于主体的变更不是合同非实质要素的变更，而是合同的根本变化，主体的变化将导致原合同关系的消灭，产生新合同关系。可见，合同的转让并非在于保持原合同关系继续有效，而是通过转让终止原合同，产生新的合同关系。正是从这种意义上说，合同的转让与一般的合同变更在性质上是不同的。

（3）合同的转让通常要涉及两种不同的法律关系，即原合同当事人双方之间的关系、转让人与受让人之间的关系。合同的转让主要是在转让人和受让人之间完成的，但因为合同的转让关涉到原合同当事人的利益，所以法律要求义务的转让应取得原合同当事人另一方的同意，而转让权利应及时通知原合同当事人另一方。可见，合同的转让涉及原合同当事人双方以及受让的第三人。

与合同的转让不同，合同的第三人履行或第三人代为履行中，第三人并不是合同的当事人，他只是代债务人履行义务或代债权人接受义务的履行。合同责任由当事人承担而不是由第三人承担。合同转让时，第三人成为合同的当事人，虽然在合同内容上没有发生变化，但出现了新的债权人或债务人，故合同转让的效力在于成立了新的法律关系，即成立了新的合同，原合同应归于消灭，由新的债务人履行合同，或者由新的债权人享受权利。在债务转移场合，从属债务的义务，如利息债务、赔偿损失等，也随同债务转移。新债务人以外的第三人对债务所作的担保，是基于对原债务人的了解和信任而设定的，因此不经担保人认可，它们将随债务转移而消失。我国《担保法》明确规定，债务人转让债务，应当经债权人和保证人的同意。在债权转移场合，新债权人对债务人财产享有权利范围不得超过原债权人，凡债务人得以对抗原债权人而享有的抗辩权，同样可以对抗新债权人。

3.合同转让的要件

合同的转让直接关系到未转让一方当事人的利益，因而合同的转让必须符合一定条件：

（1）债权债务具有转让性。具有特定身份、特定信任为基础的债权债务不得转让，如借款合同、工程承包合同、加工承揽合同、演出合同等。

（2）一方当事人转让合同，应当取得另一方的同意。合同是双方当事人共同参与的法律关系，涉及双方的权利义务，如果双方随意转让合同，合同债权人不知向谁请求履行，其权利将难以实现；义务人不知债权人是谁，合同也就无法履行。所以，对合同的转让应加以限制。

合同的转让，分为债权让与、债务让与两种。债权让与，是指合同债权人将其债权全部或者部分转让给第三者的行为。第三者基于债权让与成为新的债权人，他取代了原债权人的地位，如果债务人不履行义务，新的债权人有权以自己的名义向债务人提起诉讼，请求予以救济。因此，债权让与无须征得债务人同意。但是，债权人转让权利的，应当通知债务人，未经通知，该转让对债务人不发生效力。

债权人转让权利的通知不得撤销，但经受让人同意的除外。债务让与，是指由新的合同债务人代替原债务人履行债务。债务让与只是合同的债务人发生了变更，合同内容仍未改变，债务人的改变对债权能否实现影响甚大。因而，基于保护债权人利益的考虑，债务承担应取得债权人的同意。《合同法》明确规定，债务人将合同的义务全部或者部分转移给第三人的，应当经债权人同意。

（3）合同权利、义务的转让不得损害国家、集体、社会的利益，不能损害其他人的权益，以免因合同权利、义务的转让而使国家、集体以及社会和他人的权益受到损害。对合同他方利益原则也不应有损害，若造成损害，要负赔偿责任。

（4）合同转让必须在让与人与受让人之间达成协议。合同的转让与本身需要由转让人与受让人达成合意才能完成，此种合同的当事人是转让人和受让人。当事人订立转让合同必须符合民事法律行为的有效要件。如果合同转让具有可撤销的原因，则撤销权人可以行使撤销权。如果转让合同被撤销以后，受让人已接受债务人的履行，应作为不当得利返还给原债权人。

（三）合同的权利义务终止

合同权利义务的终止，指依法生效的合同因具备法定情形和当事人约定的情形，债权、债务消灭，债权人不再享有合同权利，债务人不必履行合同义务。合同是平等主体的公民、法人、其他组织之间设立、变更、终止债权债务关系的协议。合同的性质决定了合同是有期限的民事法律关系，不可能永恒存在，有着从设立到终止的过程。根据《合同法》第九十一条规定，有下列情形之一的，合同的权利、义务终止：

（1）债务已经按照约定履行；

（2）合同解除；

（3）债务相互抵销；

（4）债务人依法将标的物提存；

（5）债权人免除债务；

（6）债权债务同归一人；

（7）法律规定或者当事人约定终止的其他情形。

法律规定的其他终止合同的情形，例如《民法通则》第六十九条规定：代理人死亡、丧失民事行为能力，作为被代理人或者代理人的法人终止，委托代理终止。《民法通则》

第四百一十一条规定：委托人或者受托人死亡、丧失民事行为能力或者破产的，委托合同终止。当事人约定终止合同的情形，例如当事人订立的附解除条件的合同，当解除条件成立时，债权债务关系消灭，合同终止。当事人订立附终止期限的合同，期限届满时，合同终止。比如，赠予人与受赠人约定，赠予人每月负担受赠人的生活费至其十八周岁，受赠人十八周岁前参加工作的，自参加工作之日，赠予合同终止。如果受赠人十七周岁参加工作，赠予人可以通知受赠人终止合同。

（四）违约责任

1. 违约责任的概念

违约责任，又称违反合同的民事责任，是指合同当事人因违反合同债务所应承担的责任。作为保障债权实现及债务履行的违约责任制度与合同债务联系密切。一方面，违约责任是债务不履行所导致的结果，是以债务存在为前提的；另一方面，违约责任是在债务人不履行债务时，国家强制债务人履行债务和承担责任的法律表现。因此，违约责任和合同债务的关系可以归结为：债务是责任发生的前提，责任是债务不履行的结果。

2. 违约责任特点

（1）民事责任包括违约责任和侵权责任，因此违约责任是民事责任的一种，不同于行政责任和刑事责任。

（2）违约责任是当事人不履行债务所导致的结果。构成违约，必须存在有效成立的合同关系，而且存在债务人不履行债的事实。因此，违反合同义务是违约责任与侵权责任相区别的重要特点。

（3）违约责任具有相对性。违约责任只能发生在特定的合同当事人之间，当事人只有守约才能基于合同向违约方提出请求或提起诉讼，与合同无关的第三人不能依据合同对违约方提出请求或诉讼。

（4）当事人可以预先约定违约责任。当事人根据合同自由原则，在法律规定的范围内，对违约责任预先约定。例如，预先约定违约金的数额幅度，预先约定损害赔偿额的计算方法，预先设定免责条款等。当然，当事人对违约责任的预先约定必须公正合理，否则将会被宣告无效或被撤销。

（5）违约责任具有惩罚性和补偿性双重属性。一方面违约责任具有惩罚性，法律通过对违约方的制裁促使债务人履行债务，同时也可以起到预防或减少违约现象发生的作用；另一方面，根据平等、等价有偿的原则，违约责任以损害赔偿作为违约责任的主要方式，具有较强的补偿性。根据违约责任的补偿性，一方在违约后，所承担的赔偿责任应相当于另一方因此受到的损失。

根据《合同法》第一百零七条之规定，违约方承担的违约责任包括继续履行、采取补救措施或者赔偿损失等形式。

3. 承担违约责任的主要形式

《合同法》规定，当事人一方明确表示或者以自己的行为表明不履行合同义务的，对方可以在履行期限届满之前要求其承担违约责任。

当事人一方不履行合同义务或者履行合同义务却不符合约定的，应当承担继续履行、采取补救措施或者赔偿损失等违约责任。违约的当事人承担违约责任的主要形式有继续履行、采取补救措施、赔偿损失、约定违约金和定金等。具体适用哪种违约责任，由当事人根据自己的要求选择。

（1）继续履行。订立合同的目的是实现合同的约定，即实际履行合同。继续履行合同，既是为了实现合同目的，又是一种违约责任。当事人一方未支付价款或者报酬的，对方可以要求其支付价款或者报酬。当事人一方不履行非金钱债务或者履行非金钱债务不符合约定的，对方可以要求履行，但有下列情形之一的除外：①法律上或者事实上不能履行或者债务的标的不适合于强制履行或者履行费用过高；②债权人在合理期限内未要求履行。

（2）采取补救措施。履行合同义务但不符合约定的，应当按照当事人的约定承担违约责任。受损害方可以根据标的的性质以及损失的大小，合理选择要求对方采取修理、更换、重做、退货、减少价款或者报酬等补救措施。

（3）赔偿损失。当事人一方不履行合同义务或者履行合同义务但不符合约定的，在履行义务或者采取补救措施后，对方还有其他损失的，应当赔偿损失。损失赔偿额应相当于因违约所造成的损失，包括合同履行后可以获得的利益，但不得超过违反合同一方订立合同时预见到的或者应当预见到的因违反合同可能造成的损失。当事人一方违约后，对方应当采取适当措施防止损失的扩大；没有采取适当措施致使损失扩大的，不得就扩大的损失要求赔偿。当事人因防止损失扩大而支出的合理费用，由违约方承担。

（4）支付违约金。为了保证合同的履行，保护自己的利益不受损失，合同当事人可以约定一方违约时应当根据情况向对方支付一定数额的违约金，也可以约定因违约产生的损失赔偿额的计算方法。

违约金是指合同当事人一方由于不履行合同或者履行合同不符合约定时，按照合同的约定，向对方支付的一定数额的货币。违约金是对不能履行或者不能完全履行合同行为的一种带有惩罚性质的经济补偿手段，不论违约的当事人一方是否已给对方造成损失，都应当支付。

约定的违约金低于造成的损失的，当事人可以请求人民法院或者仲裁机构予以增加；约定的违约金过分高于造成的损失的，当事人可以请求人民法院或者仲裁机构予以适当减少。当事人迟延履行约定违约金的，违约方支付违约金后，还应当履行债务。

（5）定金。定金是合同当事人一方为了担保合同的履行而预先向对方支付的一定数额的货币。当事人可以依照《中华人民共和国担保法》（以下简称《担保法》）约定一方向对方给付定金作为债权的担保。债务人履行债务后，定金应当抵作价款或者收回。给付定金的一方不履行约定的债务的，无权要求返还定金；收受定金的一方不履行约定的债务的，应当双倍返还定金。

当事人既约定违约金，又约定定金的，一方违约时，对方可以选择适用违约金或者定金条款，二者在目的、性质、功能等方面具有共性但不能并用。当事人执行定金条款后不足以弥补所受损害的，仍可以请求赔偿损失。

4.违约责任的免除

一般来说，在合同订立之后，如果一方当事人没有履行合同或者履行合同不符合约定，不论是自己的原因，还是第三人的原因，都应当向对方承担违约责任。但是，当事人一方违约是由于某些无法防止的客观原因造成的，则可以根据情况免除违约方的违约责任。《合同法》规定，因不可抗力不能履行合同的，根据不可抗力的影响，部分或者全部免除责任；当事人迟延履行后发生不可抗力的，不能免除责任。不可抗力造成违约的，违约方虽然没有过错，但法律规定违约方也要承担无过错的违约责任。当事人一方因不可抗力不能履行合同的，应当及时通知对方，以减轻可能给对方造成的损失，并应当在合理期限内提供证明。

第四节　腾讯与老干妈合同纠纷案例研究——基于内控和风险管理视角

在经济新常态背景下，当前我国经济继续保持稳定增长，不少企业规模呈现出迅速扩增的趋势。企业在迅猛扩张的同时，却面临着"黑天鹅"事件发生等严峻风险。在实际工作中，由于企业管理者经验不足、内控意识薄弱以及相关体系的不完善，内控制度和风险管理很难得到真正的落实，这或多或少地制约了企业的健康稳定发展。本节以"老干妈"和腾讯的合同纠纷案件为事例，试图分析企业内控和风险管理问题。

一、相关理论概述

（一）内部控制的定义

内部控制（简称为"内控"），简单来说就是企事业单位在日常经营管理过程中，采取的一系列自我约束、预防风险的措施以及完善的管理机制。它主要是为了提高企业内部的管理水平，保障资产的安全性，保证财务信息的可靠性，同时也为了推动企业稳健持续经营，以此达成长期战略目标。在市场经济日益成熟，企业竞争日趋激烈的当代社会，企业必须做好内部控制工作，它既决定着企业管理的规范程度，同时也影响着企业的可持续发展。

（二）内部控制与风险管理的关联性

在企业发展的早期阶段，内控和风险管理属于两个独立的个体，共存于企业管理活动中。随着经济的不断发展，通过对二者关系的不断深入研究，最终发现二者存在很大的互补性，内部控制与风险管理的联系得以建立。

风险管理能够帮助企业及时地发现风险隐患，从而采取有效可行的措施处理潜在风险。内部控制则对识别出来的风险进行防范、管理和控制，降低企业的风险系数，使其处于可控范围，从而确保企业的健康发展。从某种层面而言，内部控制是否科学合理，直接决定了企业的风险管理是否有效，同时也决定了企业的战略目标能否顺利实现。内部控制是否有效可行，则有赖于风险管理中对风险的评估与分析。因此，两者具有很大的互补性，存在十分密切的联系。

二、案例分析

（一）案例介绍

2019 年 3 月，腾讯公司称与"老干妈"公司签订了一份《联合市场推广合作协议》，由腾讯公司在其手游投放广告资源，用于老干妈油辣椒系列产品推广，但"老干妈"公司拖欠广告费迟迟未付。为此腾讯提起了民事诉讼，并向深圳市南山区法院申请了财产保全。"老干妈"方面却表示，从未与腾讯进行过任何商业合作。后经公安机关侦查查明，该事件为三名犯罪嫌疑人冒充该公司市场经营部经理，与腾讯公司签订合作协议，其目的是为获取不法经济利益。

企业应当从这一事件中吸取教训，防止类似事件再次发生。下面对腾讯公司内控和风险管理两方面进行分析。

（二）合同执行过程中腾讯公司的内控风险分析

1. 内控管理体系不完善，相关工作执行不到位

"老干妈"对腾讯公司而言是新开发的客户，对于这类客户，企业理应建立专门的信用保证机制，对合作企业诚信状况、信用等级等方面予以审核，同时还应当建立完善的客户信用档案，核实客户资料的真实性。只有这样，才能够科学规避风险，确保合作的真实性与可靠性。这些工作需要由腾讯公司去搜集老干妈的信用资料，而信用资料是不法分子很难伪造的。所以，可以认为，腾讯公司对客户的信用档案没有采取有效的审核措施，对信用审核和信用保证缺乏制度保证，执行不到位。

在签署合同前，企业业务经理应严格审核，全面审查合作对象的身份信息，包括法人登记证书、资质证明等；对于重要合同，要获取相关资料。例如，合作对象审计后的财务报告、过往交易记录等，以核实其盈利水平、经营状况。不法分子冒充老干妈公司经营人员、伪造公司公章与腾讯公司签订合同时，腾讯公司既未对合同对象的相关资料进行严格审核，也未审查合同对象的财务报告和信用状况。这说明腾讯公司内部控制存在较大的缺陷，合同管理部门未能严格遵守规章制度，未认真履行合同登记管理工作职责。同时也表明腾讯公司的内部控制体系有疏漏，未能从源头上遏制风险隐患。

2. 风险防范意识不强，内控人员素质参差不齐

企业在签署宣传推广以及销售合同前，应当与客户进行全方位的业务洽谈，了解客户的真实情况，并对客户身份进行核查；与此同时，相关人员也必须保持高度警惕，强化风险防范意识，在合同中要约定付款方式。参照行业类似业务的经验，腾讯公司应在合同履前先收部分预付款，或者在合同履行过程中分阶段收取合同价款。但从事件的全过程看，腾讯公司相关责任人对风险的敏感度不够，防范意识不强，内部控制人员缺乏职业操守。

3. 对于应收账款缺乏有效的风险识别评估和管理制度

从事件全过程可知，腾讯公司 1600 万广告费多次讨要无果后才开始商业诉讼，由此可以看出腾讯公司未能高度重视应收账款管理工作，未能及时地对欠款催收催缴。如果腾讯公司根据合同规定，提前催收账款，且每年至少对合同的履行情况以及应收账款进行一次评估，例如如果在 2019 年年底进行评估，那么就可能及时地发现问题，避免损失。

三、完善企业内控、防范企业风险应采取的措施

腾讯公司应完善内控管理体系，严格制定和遵守报批流程，正确履行职责，严格相关工作考核。

（一）加强全员风险防范意识，提高内控人员素质

在前文的分析中可知，腾讯公司相关人员缺乏风险防范意识，在面对合作项目时，该公司相关人员管理工作有所松懈，未能发现问题，未能充分利用内部控制机制和风险管理机制。因此，腾讯公司应加强企业人员管理，引导建立规范的内部控制体系。同时，要定期开展风险识别和排查工作，并根据风险评估结果，迅速执行内部控制措施，优化内控体系。与此同时，在该过程中，企业领导层应该以身作则，企业相关职能部门也应当重视内部控制和风险管理的普及与宣传，要将其纳入企业文化建设中，在全公司范围内营造"忧患"氛围，使公司职员在日常工作中能够保持高度警惕，及时发现与规避风险。另外，腾讯公司还需要加强人才指导，要针对关键岗位提供定制化的内控和风险管理培训方案，强化管理与控制能力，要加深对这项工作的认识。同时，需要建立"一体化"的共享服务平台，促进各部门的数据互联互通，为风险识别、控制等活动提供支持，从而实现对风险的动态化管理。

（二）强化应收账款风险识别评估，加强应收账款信用管理

腾讯公司应加强风险管理建设，扩大覆盖范围，将应收账款管理纳入其中，制定合理的管理框架。具体而言，公司要根据自身的业务范围和经营活动类型，梳理应收账款的管理流程，制定与优化应收账款回收控制体系。拓展信息收集渠道，不断地完善企业信息库，为应收账款信用管理提供强有力的信息支撑。要运用相关财务指标，如应收账款周转率等，科学客观地评价与分析企业的资产质量，由此识别风险隐患。聘请专业独立的评估团队和人员，对金额较大的应收账款进行独立评估，坚持执行过程评估和执行结果评估相结合。

精准分析企业经营管理数据，有效、及时地识别出经营管理活动中的风险因素。

腾讯公司在开展应收账款管理风险防范和内控工作时，应将信用管理作为基本内容，这有利于降低这类风险发生概率，有利于保障企业及时地回收账款，同时也有利于避免企业上当受骗。具体而言，企业应设立专门的应收账款风险管理岗位，要加强该领域的信用建设，全面深入地剖析合作企业的发展状况和信用情况，同时基于企业履约能力变化趋势，及时调整与优化应收账款管理方案，执行相应的防范与控制措施，以加强应收账款的信用管理。企业应将信用管理看作是预防应收账款管理风险的有力手段，以确保企业的稳健经营。

在如今复杂多变的市场环境中，部分企业虽然资金实力雄厚，但是也面临着诸多风险，一旦操作不慎，或者控制不当，就会使企业陷入发展困境。就目前现状而言，我国大多数企业已经初步具备风险管理和内部控制意识，但是却并未取得良好成效。究其原因，主要是因为内控机制不完善、风险防范意识薄弱，导致类似合同纠纷等案件层出不穷，使企业名誉受损、企业财产蒙受损失。因此，企业有必要重视内部控制和风险管理工作，要建立健全机制体制和监督体系，从源头上遏制风险的产生，从而推动企业长久稳定经营。

第五章 商务风险的管理

　　企业在利用自有资源开展商务活动的过程中，一旦发现风险，就要想方设法采取行动，将风险降到最低。因此，有效运用企业所拥有的资本，科学回避风险，是企业高层管理的核心内容，也是商务管理的高级形式。现代企业商务活动所面临的风险主要来自两个方面：一是企业选择商务项目时可能面临自身风险；二是企业商务活动中资本运营可能面临的财务风险，财务风险又包括投融资风险和贸易风险两种。因为环境在发生变化，企业在商务活动中加强风险管理，就是要防范项目选择和资本运营对商务活动带来的风险以及交易过程中客观存在的风险，使商务绩效最大化。

　　本章介绍风险和商务风险管理的概念、企业项目风险的识别分析与控制、资本运营过程中投资风险、融资风险和贸易风险的识别与防范以及一般商务风险的防范与对策。

第一节　商务风险管理的概述

一、风险的概念

　　企业的生产经营活动普遍存在风险。所谓风险，从管理角度看，是指发生某种不利事件和损失的各种可能状态的总称。风险有两个基本要素：其一是负面性，即发生不利事件或损失；其二是负面性出现的可能性或概率。在企业经营活动中只要存在这两个基本要素，就可能发生财产损失、利润减少的情况。例如，一个企业用 100 万元去购买国库券，到期一定能收回本金与一定比例的利息。如果企业用这笔钱去购买股票，既有获得较大收益的可能，也有造成重大损失的可能。由此可以看出，投资国债几乎没有风险，购买股票风险较大。

　　通常认为风险就是危机，其实危机和风险既有联系也有区别。危机是企业或组织处于意外事件所引起的危险和紧张的状态。风险处理不当可能会转化为危机，但风险并不等于危机。风险和危机的主要区别有三点：

　　首先，从危害性看，风险会带来损失，如果处理得当，损失可能很小，甚至没有损失；同时风险也能带来机会，有时能带来巨大利益。例如，1970—1979 年，美国有 72 家高技术风险企业，最初投资仅有 2 亿美元，而 1979 年的营业额就达到 60 亿美元。

其次，从可控性看，风险在大范围内是会经常发生的，有时带有较强的必然性，可以根据历史资料求得其发生的概率。例如，根据美国联邦航空调查局调查，民航事故中71%是飞行员失误造成的。1966—1984年，全世界民航定期航班发生的事故中，人为因素造成的约占61.3%，飞机故障和起火造成的占23.8%，其他原因占14.9%。有了风险事件的发生概率，人们就比较容易采取防范措施。而危机有些可以预测，有些则是由各种偶然的意外事件造成的。

最后，从紧迫性看，风险比危机持续的时间长。例如，1973年世界出现石油危机，使汽车制造行业蒙受了一定的损失。之后，通用、福特汽车公司考虑到石油因素，很快设计制造出小型省油的汽车，大量投放市场，使之免受1978年再度出现的石油危机的打击。而克莱斯勒汽车公司仍然生产大型耗油量大的汽车，造成产品积压，每天损失200万美元，到1979年9月亏损累计逾7亿美元，使风险转化为危机，最终导致公司濒临破产。

二、商务风险

（一）商务风险的概念

所谓商务风险是指企业在开展商务活动过程中产生的风险。与其他风险一样，商务风险也具备两个基本要素：负面性和负面性出现的可能性。

商务风险有狭义和广义之分。狭义的商务风险指在直接商务活动过程中所产生的风险，如采购风险、运输风险、销售风险、结算风险等，也称为贸易风险。广义的商务风险泛指一切与商务相关的活动所产生的风险，包括交易风险、产品质量和服务与合同不相符产生的风险、选择商业机会的风险、运输和结算风险以及筹资风险和投资风险等。

（二）商务风险的客观性

商务风险的客观性主要表现在两个方面。

1. 决策因素带来的风险

企业经营决策过程中，常常包含着风险。在确定型决策中，虽然决策方案的结果十分明确，但也可能因决策者判断选择错误，使入选方案在实施中产生风险。在风险型决策条件下，事物的自然状态以一定的概率出现，概率本身就是一种或然率、可能性，这样势必会对决策方案的执行带来一定的风险。在不确定型决策中，事物各种自然状态出现的概率是不可知的，因此只能由人的经验和主观意志来决策。这样，风险也是不可避免的。在多种决策方法中，战略决策的风险更大。这是因为战略决策的问题不是经常、反复出现的，相关决策的信息不充分，决策实施时间长。这些因素既增加了决策的难度，也增大了决策的风险。

2. 环境因素带来的风险

企业的商务活动都是在一定环境下展开的，各种环境因素及其发展变化都有可能带来风险。威廉斯和汉斯在其所著的《风险管理与保险》一书中认为企业环境的风险因素包括：（1）行政因素：由于政策变化导致行政领导变化；（2）法律的因素：法律法规变化使企业经营条件变化；（3）经济因素：汇率、利率、价格、成本等因素变化直接影响企业的经营成果；（4）社会因素：社会稳定程度特别是消费行为的变化影响产品的生产和销售；（5）技术因素：技术的进步可能使一些企业消失，也可能会产生一些新企业；（6）价值观因素：消费者的价值观发生变化，影响企业生产经营的价值观；（7）环境因素：自然环境、人工环境的变化会影响企业的处境；（8）信息因素：企业获得有价值的信息，可能使其大受其益，也可能信息泄露，宣传不当使企业面临危机；（9）人员因素：重要成员的死亡、重大工伤事故，都可能影响企业的实力和士气，甚至给企业带来风险。

三、商务风险管理的意义

商务风险管理是现代企业对生产经营过程中可能产生的风险因素，所采取预防或消除措施以及在风险发生后采取弥补措施的科学管理方法。风险管理发端于美国，1930 年在美国管理协会发起的第一次关于保险问题的会议上，宾夕法尼亚大学的所罗门·许布纳博士提出："防患于未然就是最大的保险。"自 1940 年起，美国有些公司开始设置一名保险人员，负责解决由于忽视保险的作用而发生的问题。第二次世界大战后，在商业航空事业的推动下，人们越来越明显地感到，当时的保险管理制度已不能适应企业的需要。由保险到预防风险的风险管理，是人们安全经营管理思想的一次飞跃。

保险是指事故发生后处理损失分配的方法，它仅仅是处理损失的工具和手段。而风险管理的本质是运用管理原理来处理有关各种资源和组织的活动，以使这一组织及其周围的意外损失降到最低。它包括对事故发生后损失的处理，同时还包括事故发生前对损失的防止和控制。由于保险和风险管理有着本质区别，所以风险管理理念为越来越多的人所承认，风险管理方法也被广泛使用。到 20 世纪 50 年代初，风险管理在美国已成为一种普遍使用的管理手段，风险管理人员在管理工作中占有优先地位。近年来西方国家的企业设置了风险管理部门，以预防突发事故，确保企业财产和经营的安全。风险管理代表着现代管理的新趋势，西方企业经营者把它列入先进的管理系统之中，风险管理人员队伍也日益壮大。

据统计，到目前，美国各公司雇用了约 3 000 名专业的风险管理人员。除了在公司内部设有风险管理人员外，还设有公认的、独立的、非推销保险业务的管理、咨询公司，专门从事风险咨询、管理工作。随着风险管理的发展，企业对风险管理人员的聘用日益重视，许多企业都有一批具有丰富知识的法律、会计、管理专家从事与风险有关的工作。风险管理人员也被认为是一种具有高素质、高水平的管理人才。

风险管理有六种主要功能：

（1）企业如果能成功地进行风险管理，就可以使企业全体成员产生安全感。企业职工对企业有一种依赖性和依附性，有人甚至立下与企业同命运、共生存的信念。因此，企业安全程度对企业职工的士气大有影响。风险少，企业领导能有更多的精力去进行战略研究，职工也能在安全的环境中努力工作，为企业创造更多的产品。

（2）通过风险管理，采取一系列预防、减少风险的措施，能减轻企业年度收益和现金流的波动。这既是风险管理的结果，又是新的经营良性循环的基础，它有助于企业管理者制定正确的计划，保持企业生产经营活动的稳定性。

（3）通过对潜在风险的分析，能为预测未来事态做好准备，及时捕捉有利的时机，扩大企业的经营规模。通过对潜在风险的分析，企业管理者可以采取预防措施，减少企业的损失，维持正常的生产经营活动。

（4）通过风险管理，能提高企业管理人员的管理水平与能力。在风险管理条件下，要求管理者临危不惧、镇定自若、有胆有识、出奇制胜。在风险较少的情况下，要求管理者有居安思危的意识，具有远见卓识的战略眼光，不至于在风险发生时束手无策。

（5）风险管理能使企业在激烈的市场竞争中立于不败之地。风险管理就是要以战略眼光着眼未来，使自己在竞争中扬长避短、取长补短，保护、发展自身，在竞争中占据优势。

（6）在未发生风险之前，对企业的保险进行计划和监督，对已发生的损失进行检查分析，在保险责任范围内，力争损失最小，保险价值补偿最大。

由此可见，加强商务风险管理是获得企业安全经营的基本保障，直接关系到企业经营的成败。正因为如此，西方学者把商务风险管理形象地称为现代企业的"救生圈"。

第二节　商务贸易风险的识别与防范

贸易风险是最直接的商务风险。最主要的贸易风险有买卖风险、运输风险和结算风险。

一、买卖风险的识别与防范

买卖风险是指商品所有权转移过程中产生的各种风险，包括采购风险、销售风险和变价风险。

（一）采购风险

1. 采购风险的种类

采购风险是指在采购商品过程中发生的不利于采购方的行为的总称，它包括了商品质量不符合要求、数量不符、时间不符、地点不符和采购数量不当。

（1）质量不符合要求。供方提供的货物不符合采购合同规定的品质要求。如劣质商品、假冒商品、需提供使用说明书但未提供的商品、需负责安装但未履行安装义务的商品、需提供配套产品而未提供配套产品的行为等等。

（2）数量不符。供方提交货物不符合合同规定数量或超过合同规定数量。

（3）时间不符。供方延时或提前交付货物，前者影响到买方的生产或转售，造成经济损失，后者增加买方的储存费用。

（4）地点不符。供方交货的地点与合同的要求不符。

（5）采购数量不当。买方采购数量过多或占压过多企业流动资金，采购数量过少或造成货源供应不充分。

2.采购风险的防范措施

（1）防范采购风险的关键是认真检查采购合同。合同的条款一定要具体明确，例如在合同中对质量要明确产品质量标准和检验办法；对数量要明确溢交或短交的比值，如允许溢交或短交 3%，等等。

（2）按需采购，合理确定采购批量。

（3）严格把控质量检验，尤其要提高采购人员的责任心，对每笔采购品都要认真查验，不让劣质产品进入企业。

（4）慎重选择预付货款手段。预付货款采购商品是许多商品交易中的惯例，应根据供求状况慎重确定预付款的数量。对供过于求的商品，一般不预付款，可货到付款；对供不应求的紧缺商品，可适当多付预付款。

（二）销售风险

销售风险是企业在出售商品过程中产生的风险，通常有买方拒收货物造成损失、买方不付款或不按时付款造成损失这两种情况。

防范销售风险的主要措施：严格按照合同要求交付货物，全面了解买方的资信情况。凡在合同中明确了卖方交货数量、质量、时间和地点的，必须按要求认真履行销售合同，若遇到特殊情况不能按要求履行合同时，必须及时与买方联系，以取得买方的谅解和支持。当发生买方拒收货物情况时，要认真分析原因，及时化解纠纷。考察买方资信情况是保证买方能够按时付款的关键。对资信好的企业，可采取货到付款方式；对资信不好的企业，要采取款到交货方式。

（三）变价风险

对大多数合同交易的商品，通常存在交易的时间和空间差异。从合同签订到履行一般有间隔期。在间隔期内，市场形势可能发生变化，从而引起商品价格的涨落，产生合同价格与实际市场价格不相符的现象，带来变价风险。所谓变价风险是指由于价格变动产生的风险。采购和销售活动都存在这种风险，如果签订采购合同时市场价格高，而履行合同时市场价格明显下降，采购方需按合同中的价格履行合同，要承担价格变动所带来的损失。如果签订销售合同时市场价格低，而履行合同时市场价格显著上升，销售方需按合同中的价格履行合同，也要承受变价损失。

防范变价风险的重要措施是准确预测市场信息，掌握市场变化规律。对于市场变化（波动）大的商品，要在签订合同时订立"变价处理办法"的条款，同时缩短签约与履约的时间；对季节性商品，在定价时要充分考虑储存费用对价格的影响。

二、运输风险的识别与防范

运输风险是货物在运送过程中产生的风险，包括货物的短少、损坏及灭损。造成运输风险的原因主要有装卸不当、运输事故及不可抗力事件。运输风险是货物运输中客观存在的风险，在贸易过程中需要慎重对待，具体注意事项如下：

（1）要签订运输合同。在合同中明确承运人与受托人的权利和责任，以便当货物在运输过程中发生灭损时能采取有效的损害和救济的方法。

（2）要对货物投保运输保险。货物运输保险是商务活动中常用的手段，尤其在国际贸易中使用最为广泛。通过保险可使损失减少到最低程度。

（3）货物运输中发生不可抗力事件后，要及时采取补救措施，减少损失。

三、结算风险的识别和防范

结算风险是指在贸易结算过程中产生的各种风险。最常见的结算风险有两类：

（1）由于货币价格变动产生的风险。最典型的是因为通货膨胀，导致货币贬值，给买方或卖方带来的损失。

（2）由于采用不同的结算方式而带来的风险，如采取远期信用证结算方式可能产生较大风险。

贸易活动都离不开结算，尤其在对外贸易活动中，由于外汇汇率变动或结算方式选择不当可能带来巨大的贸易损失，需要慎重对待。下文重点阐述外汇风险管理问题。

企业外汇风险是指企业在一定时期内对外经贸活动中，以外币表现的资产或负债，由于未预料到外汇汇率变动而可能蒙受的损失。

（一）企业外汇风险的种类

（1）外汇结算风险。企业在从事对外贸易或非贸易过程中，从双方签订合同到最终结清债权和债务，一般需要一个较长的时间。如果计价货币的汇率发生变动，则会使交易双方的某一方蒙受损失，从而产生外汇结算风险。

（2）外汇评价风险。外汇评价风险又称为外汇会计风险，是指企业在进行会计处理和进行外币债权、债务结算时，对于必须换算成人民币的各种外币计价项目进行评价所产生的风险。换句话说，外汇评价风险就是在决算时评价外汇债权、债务时的汇率与当初入账时的汇率不同而产生账面上损益的差异。

（3）外汇预测风险。外汇预测风险是指企业在预测外汇汇率变动过程中由于意料不到的汇率变动，导致外汇在未来一定时间内收益发生变化的潜在性风险。从事国际化经营的企业都要预测汇率变化趋势。一般汇率变化都是按该国经济实力、经济形势和该国货币供求状况等主要因素进行预测，如果忽略某一个因素，都会导致汇率风险。汇率风险主要表现在未预料到的汇率变动对已做出的经济决策的影响，使企业蒙受损失。

（二）企业外汇风险管理

企业外汇风险管理是指在加强外汇汇率变动趋势预测的基础上，采取以下几项避险措施：出口以硬币、进口以软币或多种货币报价；加价保值或压价保值；提早收款或推迟付款；缩短出口收汇时间；以远期外汇买卖转嫁外汇风险。

（1）出口以硬币，进口以软币或多种货币报价。所谓硬币是指汇率比较稳定且有上升趋势的货币；反之，即为软币。如果企业产品销往使用硬币的国家即可使用该国货币报价，销往其他国家也可以用上述硬币或其他硬币报价。这些货币一般不会贬值，甚至还有升值的可能。总的来说，用硬币来出口基本上能保证企业获得稳定的出口收入。反之，进口商品以软币报价，有可能取得该货币因汇率下降而少付人民币的利益。此外，采用多种货币报价，可以使汇率变动的损益相互抵消，以减少外汇汇率变动风险。

（2）加价保值或压价保值。如果在商务谈判中未能达成出口以硬币、进口以软币或多种货币报价的共识，可争取采用加价保值或压价保值的办法。加价保值主要用于出口贸易上，是指出口企业接受以软币计价成交时，将汇价变动所造成的损失摊入出口商品的价格中，以转移汇率风险。加价保值分为即期交易加价保值和远期交易加价保值。

即期交易加价保值公式：

加价后的商品单价 = 原单价 ×（1+ 计价货币贬值率）

远期交易加价保值公式：

加价后的商品单价 = 原单价 ×（1+ 计价货币 / 贬值率 + 利率）× 期数

压价保值主要用于进口交易上，是指进口企业进口时接受硬币计价成交时，将汇价变动可能造成的损失从进口商品价格中剔除，以转嫁汇率风险，或在合同中加入保值条款。同样压价保值也分为两种：即期交易压价保值和远期交易压价保值。

即期交易压价保值公式：

压价后的商品单价 = 原单价 ×（1 — 计价货币升值率）

远期交易压价保值公式：

压价后的商品单 = 原单价 ×（1 — 计价货币 / 升值率—利率）× 期数

（3）提早收款或推迟付款。汇率变动是在一定时间段发生的，收付款在该时间段进行就会受到汇率变动的影响，调整外汇资金收付时间可以达到回避外汇风险的目的。在出口贸易中，若预测到计价货币在结算期内可能贬值，就要设法提早结算收款；反之，进口交易中，计价货币升值时，要争取推迟付款，避开汇率变动期。

（4）缩短出口收汇时间。风险是发生风险事故并造成损失的可能性，它随时间的延长而相对增加。为了减少因时间推移而带来的风险，出口企业要树立时间就是金钱的观念，按期交货，迅速收汇，缩短收汇时间。

（5）以远期外汇买卖转嫁外汇风险。如果企业在进出口贸易中预测到收付货币汇率的变动，可以在进出口交易的基础上做一笔买入或卖出该货币的远期交易，以转嫁外汇风险。

第三节　一般商务风险的防范与对策

风险是客观存在的，但并非不可防范，关键是人们是否意识到风险的存在。如果意识到风险的存在，就会采取相应的策略，从而规避风险或减少风险带来的损失。风险是指在给定情况下和特定时间内，那些可能发生的结果间的差异，也就是说人们可以通过主观努力，尽可能适应客观变化，缩小可能结果间的差异，从而使风险最小化。所谓风险对策，即是为达到此目的而采取的相应策略。

一、风险防范的可能性

风险是客观存在的，而风险防范则是基于主观的判断。如果主客观一致，即可判定风险，从而可以有效地加以防范。既然风险是在给定情况下存在的可能结果间的差异，那么人们就有可能凭经验推断出其发生的规律和概率。虽然这些规律和概率并非一成不变，但通过一定时期内的观察，可判断出其大致规律，从而可以有意识地采取一些预防手段来防范。

风险具有以下特征，这些特征决定了风险的可防范性，因此风险损失也是可以控制的。

（一）风险具有特定的根源

风险并不是深不可测的，它有其特定的根源，有发生的迹象、特定的征候和一定的表现形式。例如，战争风险，在开战前常常潜伏着多种爆发战争的因素；经济风险可以通过经济现象反映出来；社会风险也有其特定的背景和征候。人们通过细心观察，深入分析研究，科学推测，一般可以预测风险发生的可能性、概率及其严重程度。

（二）风险的普遍性

由于风险无时不存，无处不在，且时有重复，人们在采取任何举措之前，都应有风险意识，积极地采取各种预防措施。

（三）风险概率的互斥性

一个事件的演变具有多种可能性，而这些可能性具有互斥性。例如，投资一个项目至少有两种可能的结果：盈利或亏本。盈利的可能性加大，亏本的可能性就减小，两种可能性不会同时加大或同时减小。

（四）风险损失的可测性

商务活动中一项承包工程可能有多种风险，但各种风险发生的概率并不都一样。通过概率计算可预测风险可能造成的损失程度。例如，某承包商对一项工程的报价为 4 000 万元，假定其他因素不变，某一特定风险如自然灾害可能会导致承包该工程亏损 5%，但这种自然灾害的发生概率只有 10%。因此，该承包商因自然灾害可能蒙受的损失将是：

4 000 万元 ×0.05×0.10=20 万元。

（五）风险的可转移性

不同的人对同样的风险会产生不同的反应，因为不同的人对风险所具有的承受能力不同。例如，一项工程包括多项子工程，总承包商可以承担总包风险，而将其中一些自己不占优势的子工程转包给专业承包商，从而将该项子工程中潜伏的风险也转移出去。对于该专业承包商来说，这些潜伏的风险则不一定会真正成为风险。

（六）风险可以被分隔

风险是由各种因素构成的。若干风险因素集中在一起，风险将会很大，但如果将这些因素分散间隔，尽管每个因素都有可能诱发风险，但其概率将大大降低。例如，工程项目管理是一种多程序、多方位、内容错综复杂的经营活动。投资人可以只考虑其资金筹措中的各种风险，而将工程的设计、实施、管理及运营交给业主；而业主又可以通过发包工程将工程的实施任务委托给承包商，将技术把关任务委托给监理工程师；承包商又可以通过分包将工程各子项中潜伏的风险分散转移至各分包商。这样一层层分散、转移，即可调动各方面的积极因素，克服消极因素，从而降低风险带来的损失。

（七）有些风险具有可利用性

风险有两类：纯风险和投机风险。纯风险只会造成损失或尽管不造成损失但也不能提供获利机会，如自然灾害、工伤事故。投机风险则既可能造成损失，又可能提供获利机会，如投资兴办企业，投资失败会造成重大经济损失；反之，则有可能获得巨额利润。因此，投机风险具有可利用的一面。

二、风险的对策

任何人对自己应承担的风险（明确规定的和隐含的）应有准备和对策，这应作为计划的一部分。当然不同的人对风险有不同的态度、有不同的对策。例如，在一个合资项目中，投资者主要承担金融风险、合作伙伴的资信风险、工程技术和运营风险、销售市场风险等，而承包商有报价风险、实施方案风险、物价风险、业主风险等。风险的对策多种多样，但归纳起来主要有两种最基本的方法。

（一）风险控制

采用风险控制措施可降低企业的损失或使这种损失更具有可测性，从而改变风险。这种方法包括风险回避、损失控制、风险分离、风险分散及风险转移等。

1. 风险回避

风险回避主要是中断风险源，使风险不致发生或遏制其发展。回避风险有时可能不得不做出一些必要的牺牲，但较之承担风险，这些损失比起风险真正发生时可能造成的损失要小得多，甚至微不足道。例如，回避风险大的项目，选择风险小或适中的项目。因而在项目决策时要注意放弃明显会导致亏损的项目。对风险超过自己的承受能力、成功把握不大的项目，不参与投标，不参与合资。甚至有时在工程进行到一半时，预测到后期风险很大，必然有更大的亏损时，可以采取中断项目的措施。

回避风险虽然是一种风险防范措施，但应该承认这是一种消极的防范手段。因为，回避风险固然能避免损失，但同时也失去了获利的机会。如果企业想求生存图发展，最好的办法是采用除回避风险以外的其他手段。

2. 损失控制

损失控制是指减少损失发生的机会或降低损失的严重程度，设法使损失最小化。主要包括以下两方面的工作：

（1）预防损失。预防损失指采取各种预防措施以杜绝损失发生。例如，房屋建造者通过改变建筑用料以防止用料不当导致房屋倒塌；供应商通过扩大供应渠道以避免货物滞销；承包商通过提高质量控制标准以防止因质量不合格而返工或罚款；生产管理人员通过加强安全教育和强化安全措施，减少事故发生的机会等。在商业交易中，交易的各方都把损失预防作为重要事项。业主要求承包商出具各种保函就是为了防止承包商不履约或履约不力，而承包商要求在合同条款中赋予其索赔权也是为了防止业主违约或发生种种不测事件。

（2）减少损失。减少损失是指在风险损失已经不可避免的情况下，通过种种措施遏制损失继续恶化或限制其扩展范围使其不再蔓延，即损失局部化。例如，承包商在业主付款超过合同规定期限的情况下停工或撤出队伍并提出索赔要求甚至提起诉讼；业主在确信某承包商无力继续实施其委托的工程时立即撤换承包商；施工事故发生后采取紧急救护措施等，这些都是为了达到减少损失的目的。

控制损失应以预防为主，防控结合，应认真研究测定风险的根源。就某一行为或项目而言，应在计划、执行等各个阶段进行损失控制分析。分析应从两方面着手：首先，损失分析。通常可建立信息人员网络和编制损失报表。编制损失报表时不能只考虑已造成损失的事件，应将侥幸事件或险些造成损失的事件都列入报表并认真加以研究和分析。其次，危险分析。危险分析包括对已经造成事故或损失的危险和很可能造成损失或险些造成损失的危险的分析。此外，还应调查其他同类企业或类似项目实施过程中曾经经历的危险。

3. 风险分离

风险分离是指将各风险单位分离间隔，以避免发生连锁反应或互相牵连。这种处理可以将风险限制在一定的范围内，从而达到减少损失的目的。

例如，在施工过程中，承包商对材料进行分隔存放也是一种风险分离手段。因为，分隔存放无疑分离了风险单位。各个风险单位不会具有同样的风险源，而且各自的风险源也不会互相影响。这样就可以避免材料集中于一处可能遭受的损失。

4. 分散风险

分散风险，是将经营对象划分为不同的单位，分别对它们采取行动，以达到盈亏互补、减少风险的目的。例如一个工程项目的总风险有一定的范围，这些风险必须在项目参加者（例如投资者、业主、项目管理者、各承包商、供应商等）之间进行分配。每个参加者都必须承担一定的风险责任，这样才有管理和控制的积极性和创造性。风险分配通常在任务书、责任证书、合同、招标文件等中定义，在起草这些文件时应对风险做出预计、定义和分配。只有合理地分配风险，才能调动各方的积极性，才能有项目的高效益。

（1）从工程整体效益的角度出发，最大限度地发挥各方面的积极性。项目参加者如果不承担任何风险，他就没有任何责任，就没有控制风险的积极性，就不可能做好工作。例如采用成本加酬金合同，承包商没有了任何风险责任，就会千方百计提高成本以争取工程利润，最终损害工程的整体效益。而如果让承包商承担全部风险责任也不妥。一方面，承包商要价很高，会加大预算以防备风险；另一方面，业主因不承担任何风险，可能会随便决策，随便干预，不积极地对项目进行战略控制，风险发生时也不积极地提供帮助，工程的整体效益同样也会受到损害。选择风险防范责任人的准则是：①能有效地防止和控制风险或将风险转移，则应承担相应的风险责任；②责任人控制相关风险是经济的、有效的、方便的、可行的，只有通过努力才能减少风险的影响；③通过承担风险能增强责任心，从而更好地计划和控制。

（2）公平合理，责、权、利平衡。风险的责任和权利应是平衡的。一方面，风险的承担是一项责任，即进行风险控制以及承担风险产生的损失。但另一方面，要给承担者以控制、处理风险的权利。例如，银行为项目提供贷款，由政府做担保，则银行的风险很小，它只能取得利息；而如果银行参加建设—经营—转让（BOT）项目的融资，它承担很大的项目风险，它有权参加运营管理及重大决策，并参与利润的分配；承包商承担施工方案的风险，它就有权选择更为经济、合理、安全的施工方案。

风险与机会对等。即风险承担者同时也应享受控制风险获得的收益和机会收益。例如，承包商承担物价上涨的风险，但物价下跌带来的收益也应归承包商所有。因此，如果承担工期风险，拖延要支付误期违约金，工期提前就应奖励。

承担的可能性和合理性，即给承担者以预测、计划、控制风险的条件，否则对他来说风险管理就成了投机。例如，要承包商承担理解招标文件、环境调查、实施方案和报价的风险，则必须给他合理的投标时间，向他提供现场调查的机会，提供详细且正确的招标文件，特别是设计文件和合同条件，并及时地回答承包商在投标中发现的问题。这样他才能理性地承担风险。

（3）符合工程项目的惯例，符合通常的处理方法。惯例一般比较公平合理，例如国外的责任中心制、我国的经营承包责任制、建设项目业主责任制、国内外标准的工程承包合同，基本都反映了这种惯例。如果明显违反国际（或国内）惯例，那么就会显示出一种不公平、一种危险。例如，国际咨询工程师联合会（FIDIC）合同明确地规定了业主和承包商之间的风险分配，作为国际工程惯例，比较公平合理。例如，产品经营中的产品多角化，就是将企业分成若干个经营单位，让它们分别经营不同的产品，这样可以降低风险，提高经营安全率。在贷款、投资上，分散风险的策略也可得到广泛应用。贷款、投资上分散风险的做法有：

①国别多样化：一般来说，贷款收益和风险成正相关，收益高的国家风险比较大，收益低的国家风险比较小。对于贷款银行来说，它把资金贷给不同的国家，在获得同等收益的情况下，可以减少贷款风险。

②贷款期限多样化：在特定国家投资，把资金分散在不同期限的贷款上，可以降低风险。贷款可分为长、中、短期，长期利率高，风险大；短期则相反。银行为了达到高收益低风险的目的，可把贷款期限多样化。

③贷款种类多样化：贷款可投放在不同的行业，这样有的企业因情况变化盈利少时，可由另一些企业的高盈利来弥补。

④货币种类多样化：银行按不同国家、不同行业，发放不同货币种类的款项，这样可以用某些货币升值的收益来弥补贬值货币的亏损，投资风险就可以减少。

⑤联合投资：银团贷款（如"辛迪加放款"）就是联合投资的一种形式。一笔银团贷款，从发起人到参与者可能有几百家企业或银行，各参与者只承担放款的百分之几，一旦放款不能收回，各参与者只承担很少一部分风险。

5. 风险转移

风险转移是风险控制的另一种手段。在经营实践中有些风险无法通过上述手段进行有效控制，经营者只好采取转移的手段来保护自己。风险转移并非转嫁损失，也不是损人利己而有损商业道德，因为许多风险对一些人的确可能造成损失，但转移后并不一定同样给他人造成损失。

风险转移常用于工程承包中的分包、技术转让或财产出租。通过分包工程、转让技术或合同、出租设备或房屋等手段，将应由其自身承担的全部或部分风险转移至他人，从而减轻自身的风险压力。

（二）财务措施

财务措施即指采用经济手段来处理确实会发生的损失。这些措施包括风险的财务转移、风险自留、风险准备金和自我保险等。

1. 风险的财务转移

所谓风险的财务转移，指风险转移人寻求用外来资金补偿确定会发生或业已发生的风险。风险的财务转移包括保险的风险财务转移（即通过保险进行转移）和非保险的风险财务转移（即通过合同条款达到转移之目的）。

保险的风险财务转移的实施手段是购买保险。通过保险投保人将自己本应承担的归咎责任（因他人过失而承担的责任）和赔偿责任（因本人过失或不可抗力所造成的风险责任）转移给保险公司，从而使自己免受损失。非保险的风险财务转移的实施手段则是除保险以外的其他经济行为。例如，根据工程承包合同，业主可将其对公众造成伤害的部分或全部责任转移至建筑承包商，这种转移属于非保险的风险财务转移；而建筑承包商则可以通过投保第三者责任险又将这一风险转移至保险公司，这种风险转移属于保险的风险财务转移。

非保险的风险财务转移的另一种形式是通过担保银行或保险公司开具保证书或保函。根据保证书或保函，保证人保证委托人对债权人履行某种明确的义务。委托人必须履行义务，否则债权人可以依据保证书或保函向保证人索赔罚金，然后保证人可以向委托人追偿其损失。在通常情况下，保证人或担保人签发保证书或保函时，会要求委托人提交一笔现金或债券或不动产作抵押，以备自己转移损失。通过这种形式，债权人可将债务人的违约风险转移给保证人。

非保险的风险财务转移还有一种形式——风险中性化。这是一个平衡损失和收益机会的过程。例如，承包商担心原材料价格变化而进行套期交易，出口商担心外汇汇率波动而进行期货买卖等。不过采取风险中性化手段没有机会从投机风险中获益。因此，这种手段只是一种"防身术"，只能保证自己不受风险损失而已。

2. 风险自留

风险自留即是将风险留给自己承担，不予转移。这种手段有时是无意识的，即当初并不曾预测到风险，不曾有意识地采取种种有效措施，以致最后只好由自己承受；但有时也可以是主动的，即经营者有意识、有计划地将若干风险主动留给自己。在后一种情况下，风险承受人通常已做好了处理风险的准备。

主动的或有计划的风险自留是否合理明智，取决于风险自留决策的有关环境。风险自留在一些情况下是唯一可能的对策。有时企业不能预防损失，又不能回避，且没有转移的可能性，企业只能自留风险。但是如果风险自留并非唯一可能的对策时，风险管理人应认真分析研究，制定最佳决策。通常要考虑的因素有以下几条：

（1）费用。比较分析投保费用与自留风险可能消耗的费用之间的差距。

（2）期望损失与风险概率。

（3）机会成本。比较保险费与损失发生时所需费用的现值，这里涉及资金的时间价值。

（4）在计算企业应纳所得税时，保险费可以作为经营费用被扣除，然而在财产损失或责任损失自留计划里，企业只能扣除实际损失，且这种扣除限于应纳税款的价值。

决定风险自留必须至少符合以下条件之一：

（1）自留费用低于保险公司所收取的费用；

（2）企业的期望损失低于保险人的估计；

（3）企业有较多的风险单位（意味着单位风险小，且企业有能力准确地预测其损失）；

（4）企业的最大潜在损失或最大期望损失较小；

（5）短期内企业有承受最大潜在损失或最大期望损失的经济能力；

（6）费用和损失支付分布于很长的时间里，因而导致很大的机会成本；

（7）投资机会很好；

（8）内部服务或非保险人服务优良。

如果实际情况与以上条件相反，则应放弃自留风险的决策。

3. 风险准备金

风险准备金是从财务的角度为风险做准备的，在计划（或合同报价）中另外增加的一笔费用。例如，在投标报价中，承包商经常根据工程技术、业主的资信、自然环境、合同等方面的风险的大小以及发生的可能性（概率）在报价中加上一笔不可预见风险费。

准备金的多少是一项管理决策。从理论上说，准备金的数量应与风险损失期望相等，即风险发生所产生的损失与发生的可能性（概率）的乘积，即：

风险准备金 = 风险损失 × 发生的概率

除了应考虑理论值外，还应考虑到项目的边界条件和项目状态。例如，对承包商来说，决定报价中的不可预见风险费，要考虑到竞争者的数量、中标的可能性、项目对企业经营的影响等因素。如果风险准备金高，报价竞争力降低，中标的可能性很小，不中标的风险就大。

4. 自我保险

自我保险是指企业内部建立保险机制或保险机构，通过这种保险机制或由这种保险机构承担企业的各种可能风险。尽管这种办法属于购买保险范畴，但这种保险机制或机构隶属于企业内部，即使购买保险的开支有时可能大于自留风险所需开支，但因保险机构与企业的利益一致，各家内部可能有盈有亏，所以总体上依然能取得平衡，好处未落入外人之手。因此，自我保险决策在许多时候具有相当重要的意义。

第四节　"一带一路"企业对外投资风险管理——中国高铁

"一带一路"倡议的实施为中国对外投资企业提供了广阔的平台发展和国家政策的扶持。近年来我国企业境外投资受挫的情况较多，而作为我国对外投资的主力输出——高铁，由于其对外投资具有项目系统复杂、投资金额大、投资周期长、收益回报周期长等特点，在项目的投资过程中会存在各种不确定因素和投资风险。本节在总结高铁对外投资问题的基础上，对高铁对外投资如何实施风险管理进行具体阐述。

一、中国高铁对外投资面临的风险及原因

政治风险。中国高铁对外投资是在"一带一路"倡议的指导下前行，而"一带一路"地区中的国家政治环境复杂，由国家内部的不同利益冲突引起的政局动荡、政策变更等不确定因素使高铁对外投资增加了难度。如 2015 年 1 月，中国铁建仅中标 3 天，时速超过 300 公里的墨西哥高铁项目突然被取消，因为反对党和媒体质疑中国铁建的墨西哥合作方与执政党关系十分密切。在此形势下，墨西哥将项目撤销。

经济风险。2008 年起的全球金融危机是"走出去"的风险首要因素；汇率的波动而带来的不确定性和突发性也会带来经济损失；利率的变动在项目融资阶段会增加成本的压力，同时在项目推进时也可能引起收益过低的风险。此外项目建设资金短缺、投资周期过长也会导致收回较慢，前期亏损等。

国际竞争风险。美国及其盟友可能以高铁起步较早的国家技术标准和管理体制对中国高铁"走出去"战略实行围堵。我国高铁参与国际竞争仍处于起步阶段。在国际市场，技术先进的德国高铁，建设标杆的法国高铁，潜力巨大的英国高铁都给中国高铁带来不小压力。而以"新干线"闻名的日本高铁更是在东南亚市场与中国高铁多次竞争。

管理风险。管理风险中又包含决策风险、人力资源风险、进度管理风险以及谈判与合同风险，其中决策风险主要包含在项目立项、洽谈和运营三个环节之中，导致决策风险的主要因素是各部门之间信息的不对称，这会对项目产生一定的偏差；人力资源风险是指无法配套综合性人才或关键人才；进度风险指由于在国外，土地所有制与中国国情不同，在征地等多方面因素导致项目延误；谈判及合同风险是由于在项目初期草率签订合同，埋下的高风险隐患。

文化风险。我国"一带一路"沿线大多数国家在文化上有其特有的方面。其中部分国家有很多中国企业不了解的文化，其文化观念和中国差异较大，在进行对外投资时，不能一概而论。由于目前我国对外投资过程中，部分企业缺少对文化的认知，对文化的理解有误，导致文化冲突，这会增大运营的成本，对经济效益产生影响。

二、中国高铁对外投资风险的对策研究

我国高铁借助"一带一路"倡议进行对外投资时，在投资战略方面，首先要对投资风险进行评价和预测，然后再制定具体的投资战略，展开投资规划布局。投资风险的评价和预测是"走出去"战略的高铁企业通过对风险进行事前、事中以及事后控制，避免风险的发生或将风险发生的概率降到最低，以达到减少损失，获得利润这一目标。

在事前控制中，相关高铁企业要进行全面的风险辨别，这可以体现在对相关投资项目的尽职调查之中。而尽职调查是我国高铁"走出去"战略的薄弱一项。多个项目失败的主要原因就是因为前期调研工作不到位，对投资国的人文政治政策等不够熟悉。在调查中，我国高铁可以全方面多角度地去辨别事物的风险。我国高铁在对外投资中，也应该重视对外形象的建立和宣传，这些都有利于和国际市场上其他国家的高铁进行竞争，提高竞争力。

在事中控制中，则要求中国高铁相关企业对项目实时监控。当风险因素发生时，建立快速风险控制小组并制定完善的计划，实施全面风险控制，在损失发生开始的时候控制风险继续发展；而事后控制则是在风险已经发生的时候，高铁公司最大程度减少风险带来的损失，并通过其他方法来弥补和改变结果。

政府方面，国家的扶持是高铁走出去的助力。我国政府要通过传媒等方面对外宣传推

介我国高铁，实施高铁"走出去"战略，将高铁当作我国经济对外发展的桥梁，作为"国家名片"大力宣传。但同时要注意市场经济中市场是关键，应避免因高铁回收周期长，回收慢而导致企业"入不敷出"。但同时作为高铁行业走出去的"靠山"，响应"一带一路"倡议，政府应采取多方面措施支持高铁行业的对外投资发展。

中国高铁在"一带一路"倡议的支持下走出去，面对的既是机遇，也是挑战。大国崛起，对外投资，融入世界经济的洪流势在必行。在这潮流中，必然会面临风险。而在风险中，作为我国"名片"的高铁要如何管理投资风险，是十分重要的。随着实践与理论的发展，必定可以找到适当的方法去规避管理风险，力求达到利益最大化。

第六章 商务人员的管理

在管理心理学中，激励通常指激发人的工作动机，以产生更大的行为结果的心理过程。它以未被满足的需要为起点，运用各种有效方式和手段来激发人的热情，调动人的积极性，发挥人的创造精神，激发人的潜能，使其行为朝着组织期望的目标努力。

商务管理的重要任务在于通过对商务人员的激励，充分挖掘商务人员的内在潜能，高效实现商务目标。本章主要阐述商务人员激励的任务、商务人员绩效评价的内容、商务人员的激励机制和激励方法。

第一节　商务活动中的激励理论

美国哈佛大学教授威廉·詹姆斯在《行为管理学》一书中指出，通过对员工的激励研究发现，实行计件工资的员工，其能力仅发挥了 20%～30%；在受到充分激励时，其能力则可发挥至 80%～90%。也就是说，同样一个人在受到充分激励后发挥的作用相对于激励前的 3～4 倍。

一、激励概述

（一）激励的时代要求

激励理论是组织行为学的重要内容和关键问题。不管是从事激励研究的学者，还是从事企业经营的经营者，都非常关注激励理论的研究。因为企业要对人进行管理，就必须弄清楚在怎样的条件下人会主动工作，会更愿意安心干好本职工作，工作更有效率。其实，人都需要激励，既需要自我激励，也需要来自同事、群体、领导及组织方面的激励。企业中的管理工作需要创造并维持一种环境，在此环境里为了去完成组织目标，人们在一起工作。一个主管人员如果不知道怎样激励人，便不能胜任管理工作。在未来的经济发展中，激励更加重要，这是因为：

（1）随着国际、国内竞争的加剧，来自社会、经济、技术的外在压力，会迫使管理者在管理方法和技巧上有创新，来不断保证企业效率和效能的高水平。

（2）企业不断发展，就必须关注人力资源。过去组织一般都将人力资源看成是取之不尽的储备库，认为只要有了人，似乎都能满足其对岗位的需求。但随着知识爆炸，科技不断发展，企业必须加大对企业人员的知识结构更新和新知识获得的投入，加强对员工的培训。

（3）员工的价值观念发生了重大变化。过去有些管理者认为对员工只用金钱激励就可以解决一切问题。但是现在对企业的管理人员来说，员工的需要和要求是多方面的，包括工作挑战性、工作成就、职位晋升以及金钱等。

因此，在讨论组织行为与绩效时，研究激励显得越来越重要。

（二）激励的概念、特征

1.激励的概念与基本要素

关于激励的定义，目前具有代表性的观点有：

（1）激励是人类活动的内心状态，表现为要争取的条件、希望与动力等等。

（2）激励是由动机引起的，动机是人类的某种精神状态，能够对人的行动起激发、推动和加强作用因此称之为激励。

（3）激励就是通过影响职工个人需要的实现来提高他们的积极性，引导其为企业目标奉献力量和智慧的组织行为。

激励是激发、鼓励，是在行为管理中将有意识的外部刺激内化为被管理者的自觉行动，从而最大限度地调动员工积极性，实现管理目标的过程。

激励必须包括以下五个要素：

（1）激励主体。激励是一种有意识的活动，首先要有主体。在商务管理活动中，激励主体即商务管理者。商务管理者在激励实践中实施主动行为。

（2）激励对象。激励是管理者将激励手段作用于被管理者，使外部刺激内化为被管理者自觉行动的过程；被管理者作为激励对象，既是激励手段作用的客体，又是承受外部刺激并将其转化为内在动力的主体。

（3）激励手段。激励手段是商务管理者有意识地施加外部刺激，从而对激励对象产生推动力或吸引力的过程，这种外部刺激来源于一定的手段和措施。

（4）激励目的。激励是有目的的行为，激励主体将激励手段作用于激励对象，是为了最大限度地调动激励对象的积极性，使其采取最为有效的行动实现管理目的。

（5）激励过程。从激励主体将激励手段作用于激励对象，到激励对象将激励手段所产生的推动力和吸引力内化为自动力，并采取相应行动去实现商务活动目的，这是一个完整的过程。这一过程的每个要素、每个环节都是相互影响，相互作用的，都将在一定程度上影响激励的效果。

2.激励的基本特征

激励功能是要研究如何根据人的行为规律来提高人的积极性。激励的基本特征主要有：

（1）激励的普遍性。行为科学认为，每个人都有其特定的需要，都生活在特定的精神状态下，都随时随地经受各种激励信息的影响。不同的只是激励方式与程度上的差异。事实上，人作为社会的个体，在整个生命的延伸过程中，不仅有自我激励，还有相互激励，不仅有群体激励，还有交叉激励，等等。总之，只要有人的存在，就有激励的需要。

（2）激励的鼓动性。激励的宗旨是鞭策人们积极向上，因为人是有相当大的潜力的。一个人对社会的奉献程度，在某种意义上说就是对其激励的实施程度。通过各种各样行之有效的激励，人的创造才能、拼搏精神能够得到很好的培育。

（3）激励的层次性。一般说来，支配人们行为的需要是由低级向高级发展的，当低一层次的需要得到满足以后就会产生高一级的需要。同时，由于社会发展程度的不同，人与人之间在价值观念、思想意识、工作环境、生活水平、消费习惯等方面都有较大的差异。激励必须有严格的科学性、灵活的针对性和实在的层次性。

（4）激励的可变性。激励的可变性是基于需要的可变性。人的需要不仅有相当大的动态性，而且还有一定的可塑性。社会经济的任何变动，都可能刺激人的需求的变化。同时，由于人的自身环境的变化，又使需求具有可塑性。激励就必须"因地制宜""因人制宜""因时制宜"。

（三）奖励与惩罚的含义

行为科学认为，奖励是社会对人们的良好行为或做出的卓越贡献所给予的积极肯定，以促使人们将这种行为继续保持和增强，加快人的自我发展与完善，从而为社会创造更大的效益。

惩罚则是社会对人们的不良或不正确行为给予否定，以促使人们的行为变异，增强反应强度和内驱力，通过对他人的警戒，以规范人们的行为。

显然，奖惩虽然方法不同，着眼点不同，但都反映了一个核心内容——激励。所以，激励实际上体现了奖励与惩罚两个方面。那么，究竟什么是激励，对此人们有不同的看法。

二、激励理论

正如学者对激励的含义有不同观点一样，学者对激励理论也有不同的观点。

（一）激励理论研究的心理学观点

1. 旧行为主义激励理论

在 20 世纪二三十年代，美国盛行行为主义理论，创始人是华生。行为主义的基本原则是刺激→反应公式，用符号表示就是 S→R。依据这个理论，行为就是从刺激来推测反应，或者反过来以反应来推测刺激。将这个理论运用到管理上，激励手段的实质就是刺激，通过刺激手段，主要是以金钱来诱发人的行为。在二三十年代的资本主义社会，资本家和工人的行为都是由金钱这个刺激物引起的。企业管理的主要任务，就是充分运用金钱这个诱因，诱使工人积极工作。因此，那时激励的主要手段是物质刺激，于是在企业中主要搞计件工资制以及超额的以高价计算的差别计件制。在这种理论的指导下，企业领导人的任务就是选择一套适当的刺激即激励手段，以引起工人相应的反应标准和定型的活动。

2. 新行为主义的激励理论

新行为主义的激励理论认为是在刺激→反应公式中加上了一个中间环节，用符号表示就是 S→O→R，其中 S 为刺激，R 为反应，而 O 是一个中间变量，它主要指人们的主观因素，如意图、愿望、行为目的、印象和计划。根据这一理论，激励人的主要手段不能仅仅靠刺激变量，还要考虑到中间变量的存在。具体说来，激励手段中除了要考虑金钱这一刺激因素外，还要考虑到劳动者的主观需求。所以，根据新行为主义的理论，激励手段复杂化了。其主要包括以下几点：

（1）要从社会心理出发，分析需要的发展。需要既包括物质的内容，也包括精神的内容。

（2）要进行情境分析。由于人的思想经常会受到内、外环境因素的影响而发生变化。因此，要经常对影响人的情境进行动态分析，以便及时采取措施，使激励过程持续化。

（3）目标均衡。在个人与组织以及各种人际关系中会发生一些冲突和不协调。为此，调和它们之间的矛盾，以使目标均衡，也是很重要的。

3. 认知派激励理论

认知心理学派认为，把行为简单地看成人的神经系统对客观刺激反应的机械联结，这不完全符合人的心理活动的客观规律性。认知心理学派的主要论点有：

（1）强调认知过程中的结构和组织原则。

（2）强调内部发生的过程。

（3）强调概念的驱动作用。

（4）强调认知反馈作用。

（5）强调认知方式上的个别差异。

（二）激励理论研究的历史观点

在组织管理发展的不同阶段，人们对激励的认识和定义是不断变化的。在科学管理阶段，《科学管理原理》的作者泰勒将企业员工看成"经济人"，认为员工只有对物质利益的简单追求。这个阶段的激励，主要表现在"A 使 B 做 A 希望 B 做的事"。显然，这种对激励的认识带有明显的使役性质。

行为科学理论产生以后，人们对人性的认识发生了很大的变化，认为员工不仅是"经济人"，还是有各种需要的"社会人"。激励开始涉及"行为是怎样开端的，怎样被赋予活力而激发，怎样延续，怎样导向，怎样终止，以及在所有一切进行过程中，该有机体呈现出何种主观反应"等问题。

在工作生活质量阶段，对激励的定义进一步延伸至激励对象的合理要求和利益，认为"激励就是引导有各自需要和个性的一个人或一群人，为实现组织的目标而工作。同时也要达到他们自己的目标"。美国一些管理学家还认为，"激励必须研究一组自变量与因变量间的关系，这种关系在人的努力、技能和对任务的理解以及环境中的各种制约条件都相等的情况下，能说明一个人行为的方向、幅度与持续性"。

从以上分析可以看出，在研究激励问题和制定激励措施时，至少要考虑三个问题：一是激发人们行为的特殊因素以及这些特殊因素是如何激发人的行为；二是激励对象为什么选择这种行为而不选择那种行为；三是怎样引导人们改掉错误的、消极的行为，强化正确的行为。这些就是内容型、过程型及改造型激励理论研究的问题。这与认知心理学激励理论的发展是吻合的。

第二节　商务人员的激励机制

商务人员的激励机制能充分发掘商务人员的积极性、创造性，是商务人员资源最佳配置的各种组织要素与机能的总称。它包括动力机制、分配机制和约束机制等。

一、商务人员激励机制的基本原则

激励是一种精神力量或状态，在商务活动的运行中起加强、激发和推动的作用。具体实施起来，一个前提条件是应该在科学的原则指导下实施。这些原则主要有：

（一）利益原则

利益原则是在实施激励中，必须承认商务人员的个人利益，并且尽可能地使个人利益得到一定程度的满足。过去，在设计激励机制时，往往不注意员工利益，一直强调个人利益服从企业利益。其实，企业利益和个人利益是一个整体，相互联系、相互影响。如果抹杀个人利益的必然性和合理性，既可能使员工的积极性、创造性失去原动力，又可能使企业经营管理活动失去利益导向。当然，也必须反对"拜金主义"和"一切向钱看"。

（二）实事求是原则

商务活动的激励过程，就是根据商务人员在市场经营活动中的实际表现，施加相应的刺激和鼓励，从而促进商务活动的顺利进行，达到激励的效果。在讲求实事求是的原则中，最为重要的是坚持"公平、公正、公开"，力求公平合理、适时适度。

（三）物质激励与精神激励相结合

在强化物质激励的同时，不应该放弃精神激励。根据马斯洛的需要层次理论，人的高层次需求对人具有持久的激励作用。因而物质激励和精神激励不可偏废。

二、商务人员激励机制的运行

商务人员激励机制的运行是一项系统工程。它出现在商务活动的各个领域、各个环节，涉及企业资源的各个方面。相关人员应该精心组织，使其向企业所规定的目标发展。

（一）科学把握商务人员的激励因素

激励因素对于激发、调动商务人员的积极性有着重要影响。在市场竞争的条件下，要想达到比较好的激励效果，必须把握以下激励因素：

（1）思想政治因素。人们的思想活动、政治态度和精神面貌，直接支配着员工的行为动机，是人的行为产生的重要动力。

（2）物质利益因素。物质利益是人们进行社会活动的物质动因。正确、有效地贯彻物质利益原则，就能使商务人员从物质利益上关心自己和企业的劳动成果，从而最大限度地发挥人的积极性、创造性。

（3）需要因素。需要是产生人的行为的原动力。解决、满足人的各种需要的问题也是调动人的积极性的激励因素。员工的需要包括物质需要、安全需要、文化需要、社会性需要、理想与成就需要等等。

（4）期望因素。期望是指在一定时期内，人们根据自己的经验，希望达到某种目标的概率。人们从事某种活动，总是想通过一定的努力取得一定的成果。如果所得到的结果超过原来的估计和期望，人们就会精神振奋；反之，就会使人感到受挫。

（二）强化商务活动激励效益观

商务活动激励的目的是通过各种激励方式和手段的应用，激发员工释放出更大的能量，从而实现企业的激励目标。激励，也要追求激励效益。任何激励过程的运行都必须以比较少的激励投入实现比较理想的激励目标；否则，激励就没有任何意义。

我们应该注意激励效益不好的种种表现和严重后果。例如，企业激励总投入增加，企业总利润减少；商务市场开拓活动增加，商品市场占有率减少；企业奖金发放增加，员工积极性没有增加；等等。

激励效益观是指各种激励方式和手段的运用必须最大限度地实现企业目标。应当指出的是，激励的效益不仅是利润、劳动生产率增加等有形的激励效益，还应该包括员工素质的提高，员工责任感、使命感的增强，企业凝聚力的形成等无形激励效益。

（三）确立商务活动激励目标

商务活动激励目标是商务管理者对被激励者采取激励手段时所期望达到的目的与标准。只有商务活动激励目标明确，激励者与被激励者才能思想一致、行动一致，从而达到被激励者需求满足，企业激励目标得以实现。

确立商务活动激励目标的主要工作是：（1）明确商务活动要达到的具体目标，把员工需求与企业的规定任务结合起来；（2）商务活动激励目标要突出以市场为中心，并且要服从和服务于企业发展的总目标；（3）商务活动激励目标体系化，即系统建立商务活动物质激励目标、商务活动精神激励目标；等等。

三、商务人员激励的主要任务

心理学家认为，人的一切行为都是受到激励而产生的。企业对商务人员的激励，总体上就是培育优秀的市场人才，充分调动各级各类商务人员的积极性和创造性，更快、更好、更多地为社会提供优质产品与服务。具体来说，商务人员激励的主要任务有以下几个方面：

（一）培育高质量的商务管理人员

在社会化大生产中，高质量的商务管理人员是经济发展的重要力量。人是经济活动的主体，管理的本质是人对人的管理，并且通过对人的管理推动对物的管理。随着经济国际化、市场全球化、企业集团化、经营技术化等特征的日益强化，商务管理人员的质量要求就成为人们关注的战略问题。因而，激励机制在职工素质培育中就成为所有企业的武器。例如，人员招聘的高学历要求，企业市场的高年薪制，员工就业的"竞争上岗"，等等，都是用激励手段培育高质量商务管理人员的有效途径。

（二）促进商务人力资本的开发

所谓人力资本，是指通过人力投资形成的资本，是体现于人自身的生产知识、技能及健康素质的存量，是人们作为经济主体创造财富和收入的生产能力。人力资本是相对于物质资本而言的。对商务活动，人力资本的激励主要是人生观、价值观、市场观、科技观、劳动观、战略观等智力、技能、道德素质的锻炼与开发。

（三）形成奋发向上的商务管理氛围

商务活动是人的群体行为，需要积极向上、团结奋斗的激励环境。由于激励是决定职工工作绩效的重要因素，可以在商务活动中起到示范效应，从而动员和组织员工追求高标准的工作绩效（工作绩效＝能力 × 积极性）。如果管理者在商务活动中不能维持或者运用有效的激励手段，造成员工工作态度日益消极，能力发挥下降，就会大大削弱企业的市场竞争力，影响商务活动形象，最终导致组织目标无法实现。

四、商务人员激励因素分析

激励过程是一个由多种复杂因素交互作用的过程，其不确定性很大。在具体操作过程中，应该了解相关因素，分析其变化运行的规律与趋势。

（一）商务人员激励的基本变因

在激励过程中，商务人员激励的基本变因一般包括以下方面：

（1）被激励的对象——人。每一个人由于需要不同，不同的激励因素就会产生不同的作用。在商务活动中，人主宰着商务关系的方方面面，同时商务活动又联系方方面面的人。人被激励而发生变化，发生变化又需要激励。

（2）商务人员对事物的感受。商务人员对事物的反应与其感受密切相关，由于对市场信息、市场竞争、市场开拓、市场销售、市场价格等方面的感受不同，商务人员对同一激励可能产生不同的反应。

（3）商务活动的性质。商务活动的性质直接关系着人的社会地位、物质待遇及价值实现等。对于人们来说，高工资、高福利、高待遇具有相当的吸引力。在实践中，商务人员对于商务活动的成功都有着比较高的期望值。但是，商务活动的性质千差万别，商务人员的利益实现也是不同的。当商务人员的利益得不到满足，或者与其期望值有比较大的距离时，就会直接影响激励效果。

（4）环境、社会、群体的影响。在注重市场竞争、价值实现、事业成功的现代社会里，商务人员与商务人员之间既相互激励，又相互制约，形成共同促进、共同发展的局面。特别是在经济信息化条件下，环境因素的激励又是高节奏、全方位的，因此必须有效地实施跟踪激励。

（二）市场经济对商务人员的激励

人的发展包括三个方面的内容：一是人的个性，即人的自我意识的发展；二是人的本质力量，即人的能力的发展；三是社会关系的丰富。市场经济的建立，为商务人员的激励开辟了道路。

（1）市场经济激励了商务人员的自主意识。市场经济把商务人员推向了市场，参与竞争。为了赢得竞争的主动权，他们不得不想方设法发挥自己的聪明才智，从而为个人的主体意识和人格独立意识的形成与发展创造条件。同时，市场经济是多元经济，它使人的多元目标选择、多元价值取向成为可能。如此种种，都激励着商务人员进行自我思考、自我行动、自我表现，在变化多端的市场经济中，培养进取精神与创新精神。

（2）市场经济激励了商务人员的创造能力。客观上，市场经济把整个社会范围内所有经济主体联系起来，从而使人们多样性的需求在多层次的市场中得到满足，以此引导经济主体进行各种商务活动，创造市场，开拓市场。这样，商务人员的能力可以在市场竞争的实践中快速提高。更为重要的是，市场经济通过普遍的交换活动，国内国际两个市场、两种资源的世界范围配置使商务人员的优势得到互补，商务管理的竞争力有了提高。

（3）市场经济激励了商务社会关系的大发展。人是在人与人的关系中生活的，交往的需要是人的需要的高级形式。正是在商务活动的交往中，人们之间在心理、情感、需要、信息诸多方面得到交流，这不仅极大地丰富了市场内容，而且有力地推动了经济发展。市场经济以其特有的方式和魅力把商务营销人员联系起来，使整个市场变得兴旺发达。国家之间、民族之间、地域之间、部门之间、生产经营之间以及人与人之间的全面合作，激励了商务社会关系的大发展。

（三）利益多元化条件下商务人员的激励分析

在比较长的时间内，由于片面的宣传，物质利益关系被错误地曲解了，这不仅极大地挫伤了商务人员的积极性，而且大大损害了社会经济活动中行之有效的激励机制，这个教训是深刻的。

（1）利益多元化条件下的价值观激励。在市场经济条件下，经济活动主要依靠价值规律调节，集体的自主权、个人的选择权不断扩大，依附性减少。在利益关系上，除了国家、集体、个人的纵向利益关系外，又增加了集体与集体、个人与个人的横向利益分割，利益关系极其复杂。由此，商务人员的价值取向也趋于多元化。价值取向多元化一方面冲击了许多陈腐、守旧的观念，增强了自主意识、竞争观念和务实态度；另一方面，也使社会主导价值观受到侵蚀，凝聚力减弱，敬业精神、奉献精神、拼搏精神以及国家观念、集体观念、义务观念和社会责任逐渐淡化，其后果是严重的。因此，需要对相关人员进行正确的人生观、金钱观、价值观的教育。

（2）利益多元化条件下的职业观激励。社会贫富差距的扩大，经济活动领域行业之间、部门之间收入档次的拉大，使商务人员的职业观受到多方面的冲击。一方面，不能很好地发扬企业主人翁的精神，全心全意地关心商务经营活动，参与市场开发、营销推广等方面的计划与组织；另一方面，不能正确处理工作与生活、劳动与享受、奉献与索取等的关系，过多地计较自己得到了多少，而不去多想自己投入了多少。因而，对员工进行职业道德建设，进行社会主义职业观的培育，应是职业观激励的主要内容。

（3）利益多元化条件下的消费观激励。在计划经济体制下，平均主义影响了人们积极性和创造性的发挥，人们的收入保持一个低水平的平均状态，消费水平、生活方式、休闲娱乐方式的差别不大。如今，人们的收入水平提高了，生活方式发生了翻天覆地的变化。如何创造消费、引导消费，进行社会主义消费观的激励，是商务管理的主要内容。

（四）商务人员人际关系的激励分析

心理学家认为，每个人都需要别人，因而都有人际关系的需求。这些需求大致包括两方面：其一，包容的需求。指期望与别人广泛来往，并且建立稳定、和谐、友好的关系。其二，控制的需求。指在权力或者权威上与他人建立利益共同体关系。商务人员要同社会各界建立最为密切的交往关系，这不仅是经济利益上的需求，而且是个人价值实现的需求。商务人员人际关系的激励应该注意以下几个因素：

（1）空间因素。商务人员之间在广阔的市场空间频繁交往，相互了解，既做生意，又交朋友。市场空间竞争极其激烈，使人际关系表现出复杂性、实用性、利益性、集团性（帮派性）和虚伪性等特征。同时，市场空间日益扩大，竞争的热点趋向国际化，商务人员关系交往的重要性、竞争性和困难性也在增加。

（2）相似性因素。商务人员的相似性包括职业的相似性、商品的相似性、顾客群体的相似性、市场细分的相似性、营销策略的相似性，等等。相似性因素既是激励的源泉，又是竞争的焦点。

（3）互补因素。商务活动中有大量的交往资源，这些是企业的财富。由于企业本身存在差异，商务人员的性格、知识、素质等都有比较多的互补性。互补性是商务人员交往的基础，又是交往的动力。

（4）仪表因素。商务人员的容貌、衣着、体态、风度也是其吸引力因素。特别是在"第一印象"中，仪表因素更为重要，心理学上习惯称之为"首因效应"。

第三节　商务人员的激励手段

一个有效的激励手段必然符合人的心理和行为活动的规律。对人类行为规律进行分析可知，人的行为是由动机支配的，而动机则是由需要引起的。人受到刺激产生需要，需要引起心理紧张，成为寻找目标以满足需要的驱动力，由此激发了动机。因此，从需要入手来探求激励，是符合人类行为规律的。

一、商务人员用工激励

企业是人群的结合体。怎样组织、配备人力资源，怎样发挥人的主观能动性、提高劳动生产率，怎样保障员工的经济利益，都是用工激励的任务和内容。

（一）商务人员配备的任务

商务人员配备是根据商务组织结构所规定的职务的数量和要求，对所需人员进行恰当而有效的选择、考评、培训、开发，协调人力资源，以保证商务活动正常进行。商务人员配备是为每个岗位配备适当的人，满足经营目标需要。同时，商务人员配备也为每个人安排适当的工作，尽可能满足人员的特点、爱好和需要。因此，商务人员配备的任务，应该从企业需要和员工需要这两个不同的角度考虑。

第一，企业需要的角度。商务人员配备的任务主要有：（1）保证商务活动稳定、有序、高效运转，实现发展目标；（2）为商务管理准备后续干部，培育新的增长力量；（3）维护商务人员对组织的忠诚，稳定员工队伍。

第二，员工需要的角度。商务人员配备的任务主要有：（1）实现员工价值，使其知识和能力能得到公正评价、承认和应用；（2）提高员工素质，使其在人员配备的过程中进一步锤炼精神意志。

（二）商务人员配备原则

为了求得人与事的优化组合，商务人员配备过程中必须遵循以下原则：

（1）因事择人的原则。选人的目的在于其能胜任某项特定的事业。"事"规定员工的数量和质量的要求。要使商务活动卓有成效地完成，要求员工具备相应的知识、能力。

（2）责、权、利一致的原则。责、权、利三者之间存在着相互依赖的关系。责是取得权和利的前提和基础；权和利是履行职责的保障和结果。商务人员配备中，有责无权，责任会落空；有权无责，权力会失控；有责有权而无利，责任的履行和权力的运用会缺乏内在的动力。

（3）人事动态平衡原则。处在市场竞争中的商务管理是不断发展的，人员的能力与知识是在不断丰富和提高的。这样使得人与事的配合需要不断地调整，让有能力发展并得到充分施展的从事更高层次的、负有更多责任的工作；让能力平平，不符合职务需要的人员去从事力所能及的经营活动，从而实现人与事的动态平衡。

（三）商务人员配备程序

商务人员配备是一个系统的逻辑过程，其工作程序是确定的。一般应该包括如下环节：

（1）商务人员配备分析。商务人员配备是在一定历史条件下完成的。不可避免地受到企业内外多种环境因素的制约。对于这些因素进行系统分析，是科学配备商务人员的前提。具体有两种分析：

第一，组织内部环境因素分析。主要分析的内容有：商务活动经营目标，市场开拓情况，商务人员构成及其基本素质，企业人员发展计划，工资报酬制度，人事政策，等等。

第二，组织外部环境因素分析。主要分析的内容有：宏观经济发展状况，市场劳动力供求状况，就业劳动力素质状况，科技教育发展状况，社会生活水平情况，等等。

（2）确定商务人员需要量。商务人员配备是在组织设计的基础上进行的。对于新建企业，一般是利用职务分类表在社会上公开招用、选聘。对于原有企业人员的重新配备，在进行组织的精心设计后，还需要检查分析原有人力资源的构成状况，找出差额，确定新的配备方案。

（3）考察预选人员。招用选聘是一个不断考察、预选的过程。对企业拟招的人员，必须进行能力素质的综合考察，并且根据一系列科学的测试、评估方法，谨慎、认真、细致地了解每一位人员的职务适应能力。

（4）强化人员教育培训与开发。要根据商务活动的实际需要，在技术、生产、营销、市场服务、企业形象等方面，有计划、有针对性地进行适应性培训。

二、商务人员工资激励

我国企业内部的分配制度，主要体现在工资制度上。工资激励也就是利益分配激励。

（一）现行工资制度的基本要求

（1）要符合国家的有关政策、法规和规定，又要与市场劳动力的供求关系相适应。为了保障员工工资的公平合理，《中华人民共和国劳动法》规定："企业职工一方与企业可以就劳动报酬、工作时间、休息休假、劳动安全卫生、保险福利等事项，签订集体合同。"这就是说，工资待遇等问题，员工应该在平等协商的基础上与企业有契约关系。

（2）正确处理企业内部各类员工的分配关系，特别是商务管理者与一般商务人员的分配关系，生产经营第一线员工与二、三线员工的分配关系，高科技开发人员与普通工种的分配关系。

（3）建立正常的工资晋升制度，以促进员工提高自己的技术、文化和政治素质。

（4）加强工资管理，健全与工资分配有关的基础工作，为科学地、准确地分析考察企业的工资制度提供依据。

（二）基本工资制度

工资制度是以制度的形式确定工资支付标准、等级的分配制度。其基本类别有：

（1）技术等级工资。根据各个工种的技术复杂程度、繁重程度、责任大小和劳动条件的好坏等因素划分不同的技术等级，并相应规定工资标准的一种制度。其组成标准是技术等级标准、工资等级标准和工资标准。

（2）职务等级工资。先按照企业工程技术人员和经营管理人员所从事的职务进行分类，然后再按照其职务的重要性、工作复杂性等因素分别规定各个职务的工资标准。一般在每一种职务内又划分为若干等级，并规定每一等级的工资标准。

（3）岗位工资。根据生产经营中不同的工种和工作岗位，分别规定不同的工资标准。

（4）浮动工资。把员工标准工资的一部分（或者是全部）与奖金等结合在一起，按照商务经营的好坏、员工成果的好坏，上下弹性地支付劳动报酬。其特点是员工报酬同经营成果挂钩。

（5）结构工资。在等级工资、浮动工资基础上，根据决定工资的不同因素及其不同作用将工资划分为几个不同部分，灵活可调地共同组成劳动报酬。一般分基本工资、技能（岗位、职务）工资、超额劳动奖励工资（又称效益工资）和津贴等几个部分。

（三）职能工资制度

职能工资是根据职务完成情况而非单纯以职务来作为工资的分配依据，从而决定职务承担者工资的一种具有计时工资性质的工资制度。

职能工资的基本特点有：

（1）突出业务能力因素。在职能工资制度下，个人的能力及其发挥是决定其工资的最主要因素。所以，员工即使未担任某一职务，但其能力经考核评定具备资格能胜任此业务，即可支付这一职务相应等级的工资。

（2）等级少，简单易操作，方便工资管理。其唯一标准是职务执行能力。

（3）配备严格的考评制度。需要通过日常工作考核、技术测试、知识考试等规范制度考核来评定职务执行能力的资格等级。同时，需要建立完整的人事考核体系和科学考核办法，使定期考评制度化。

（4）弹性大，能上能下。职能工资随定期考评"对号入座"。

（5）每一等级没有名额限制。

职能工资的结构体系：

职能工资＋工龄工资＋津贴（岗位津贴及物价、住房、交通、医疗、养老等津贴）＋奖金工资构成。其中，职能工资占40%～50%，工龄工资和津贴占20%～25%，奖金占

35%。执行结果应该是，工龄工资和大部分津贴是固定的，活工资占 75% ~ 80%。最高工资标准高于最低工资的 3 倍或 5 倍。

职能工资的工资水平参照劳动力供求市场所形成的均衡工资率或市场工资率，具体由企业经营管理者和员工组织协商决定，使企业工资制度符合公正原则。

（四）工资激励的基本对策

（1）政府对企业工资制度进行宏观管理。一是加强工资立法，使工资分配有法可依；二是规定和定期发布工资指导政策与行业工资分配执行状况；三是实行物价补偿制度化的政策。物价上涨，实际工资则相对下降，故企业工资应该与物价指数挂钩。

（2）稳定、有步骤地进行用工制度改革。

（3）企业福利工资化。将企业现有的各种福利项目以津贴形式纳入工资，以便对工资进行监督和管理。

三、商务人员工作生活质量激励

现代商务活动中，工作生活质量计划作为一种很有发展前景的激励方法，日益受到人们的认识和运用。它是一种职务设计的系统方法，通过工作丰富化，进行组织内部纪律方面的探究与活动。工作生活质量计划结合工业心理学和组织心理学及社会学、工业工程、激励与领导理论等来发挥作用。虽然工作生活质量计划在 20 世纪 70 年代才提出，但已经有了丰富的案例研究和实践经验，目前主要在美国、英国、日本、斯堪的纳维亚的一些国家和地区成立了工作生活质量中心。

工作生活质量计划得到多方面的热烈支持。主管人员认为它是处理生产停滞的一种很有效的方法；员工也认为它是改善工作环境和提高生产效率、确定较高工资的正确方法；政府认为它有很大的吸引力，可以作为提高工作效率和降低通货膨胀率的一种手段，并且可以作为达到工业民主和使劳资争端减至最低程度的一种方法。

工作丰富化是实现工作生活质量计划的主要途径。但是，在现实中很多人将工作丰富化与职务内容的扩大相混淆。职务内容的扩大可以推动工作丰富化，消除因重复操作带来的单调乏味感。因此，职务内容范围的扩大，只是增加了一些与此类似的工作，并没有增加责任和权利。例如，在一条生产线上的工人不仅在车上装配缓冲器，而且也安装前灯盖，这是简单地在一项单调乏味的工作上增加另一项单调乏味的工作，因此不是工作丰富化。所谓"工作丰富化"，是让员工在工作中获得更强的挑战性和更多的成就感。一般通过以下方法使员工工作丰富起来：

（1）在决定某些事情如工作方法、工作顺序和工作速度时，可给员工更多的自由。

（2）鼓励员工参与管理，并鼓励员工之间相互交往。

（3）让员工对他们的任务有个人责任感。

（4）采取步骤以确保员工能够看到他们的任务，了解自己对企业的产品和福利方面是怎样做出贡献的。

（5）最好在基层主管人员得到这种反馈之前，把员工的工作完成情况反馈给他们。

（6）在分析和变动工作环境等方面，如办公室或厂房的质量、温度、照明和清洁卫生等，要让员工积极参与。

现在，引入工作生活质量计划的企业越来越多，常见的方法是建立一个劳动管理指导委员会，通常由一名工作生活质量的专家或参谋负责提出一些措施，通过工作丰富化和工作内容的再设计，提高员工的尊严，将工作变得有吸引力，从而提高工作效率。鼓励员工参与其中，这不仅是工业民主的运用，也使员工在工作中能识别什么将使他们的工作丰富化并给企业带来更大的效益。

工作生活质量计划虽然很有效果，但也有其局限性。这种局限性来自主管和下级两个方面。一方面主管常常会用自己对挑战性和成就感的价值准则来衡量别人；另一方面下属工作的稳定性是一个问题。因此，要使工作生活质量计划取得成效，必须做到这几点：第一，了解员工需要什么；第二，了解实行这种计划对员工有什么好处；第三，对员工平等相待；第四，对员工进行正确的评价和赞赏。

第四节　企业家的激励手段

激励和组织环境的相互作用，不仅强调了激励的系统方面，而且也强调了激励与领导作风、管理实践的相互影响。主管人员、领导者要设计一个人们乐意在其中的工作环境，就必须使这个环境体现对个人的激励作用。对商务企业家的激励道理一样，因为商务企业家的社会角色具有双面性：对内来说，他是企业领导者；对外来讲，他也是一个普通的人。有效激励企业家本质上是对企业家经营业绩的一种肯定与评价，即采取科学的手段、措施，在经济利益和社会地位上给予企业家一定的补偿和确认。这样可以有效地激励企业家最大限度地发挥经营才能，提高商务活动效益，促进社会经济的发展。

一、激励机制

（一）精神激励机制

企业家的精神激励机制包括以下几个方面：

（1）对企业家社会地位的承认。企业家通过自己的顽强拼搏，在为社会创造巨大财富的同时，也确立了自己在社会中的地位。企业家不仅是企业的所有者、决策者，而且也是社会的优秀者。

（2）对企业家价值的承认。我们应该坚信，广大员工是企业的主人。同时也应该看到，没有企业家的企业是不成熟的企业。大量的实践表明，一个成功的企业，背后必定有一个成功的企业家。他们不仅是商务活动的组织者，还是企业的决策者、指挥者。

对企业家的精神激励，就是从社会地位和社会荣誉等方面激发其事业感和成就欲。在竞争的条件下，特别是把企业家的风险收入水平和社会地位、社会荣誉等纳入个人档案，作为企业家进入市场合理流动的"无形资本"，以便更好地实现企业家的远大理想。

（二）利益激励机制

1. 利益激励是企业家激励机制的核心

建立健全企业家的利益激励机制，首先要把企业家作为独立的经济利益主体来对待，提高其收入。其次，必须优化企业家收入的结构。企业家的收入，可以由基本工资和绩效工资两部分组成。基本工资可以是年薪制，也可以是月薪制，但都必须记入企业的生产经营成本。绩效工资是企业家的风险收入，它与企业家的经营绩效直接挂钩，而且可以根据利润完成情况，采用分档累进的分配方式提取。

2. 企业家实行年薪制

年薪制是风险收入与经营业绩直接挂钩并以年度为计薪单位的分配制度。企业家实行年薪制的主要意义有：

（1）形成企业家经营的激励约束机制。企业所有者的目标是实现企业利润的最大化，而经营者的目标是个人收入的最大化。年薪制把风险收入与企业利润直接挂钩，使企业家与企业形成利益共同体，从而实现企业目标和企业家目标的高度统一。

（2）促进企业家市场的形成。年薪制为企业家的职业化创造了条件，职业企业家的不断发展使企业家之间的竞争更加多样化。为了自己的生存与发展，也为了人生价值的实现，企业家的交流日益增多，企业家市场水到渠成。

年薪制的推行，能够激发企业家的经营热情，强化企业家的素质。其职能主要有：

（1）补偿职能。企业家的特殊劳动消耗补偿主要体现四个方面：其一，复杂性劳动；其二，非时限性劳动；其三，风险性劳动；其四，创造性劳动。

（2）激励职能。激励职能主要是激励企业家的积极性和创造性以及企业家在企业中的突出贡献与特殊地位。

（3）核算职能。既要核算企业家的无形劳动消耗，又要核算企业家的有效劳动消耗。

（4）约束职能。年薪制使企业家的收入处于公平、公开、公正的约束之下。企业家的收入由国有资产管理部门同有关部门严格考核、审批，加强了监督力度。

二、约束机制

现代企业制度是法人授权制度，企业家必须对股东负责，对企业职工负责。社会必须强化对企业家的约束机制，抑制和避免企业经营者不合法、不合理的经营行为。约束可分为三个方面：

（一）强化资本约束

企业家的资本约束主要来自两个方面：

一是"用手投票"，即资本所有者通过股东大会投票表决的方式，对企业经营者进行甄别选择，并通过契约的方式进行约束。这种资本约束主要由监事会承担。

二是"用脚投票"，即当企业经营者因经营管理不善，或者滥用职权引起企业商务活动运行状况不良，而根据企业章程单个股东不能随意干预经营者行为时，股东便通过抛售股票等形式，使公司更换经营者。

（二）强化权力约束

主要是建立规范的法人治理结构并且严格实行纵向授权的法人治理结构，董事会、监事会、企业经营者之间相互不兼职，保证权力约束的切实贯彻。

（三）强化监督体系

主要是健全法律法规，提高执法水平；加强企业家舆论监督，使其在公开、公正、公平的状态下行使职权；完善企业家市场监督，一方面杜绝没有任职资格的人进入企业家市场；另一方面严格考核企业家的经营业绩和市场行为。

三、企业家激励类型

调动商务企业家的积极性，必须选择正确的激励方式和方法。由于企业家的需要和动机极其复杂，需要灵活地针对不同的对象实施不同的激励。具体如下：

（一）有形激励与无形激励

（1）有形激励。有形激励是企业通过正式渠道，以一定的组织手段来实现的激励。它容易使被激励者以及商务活动中的其他成员共同认知和体验。例如，职务升迁，工资增加，等等。

（2）无形激励。无形激励是商务企业家个体通过非正式渠道，自己体验到的一种激励。它是有形激励的补充。表现为上级的信任、关怀等等。

（二）物质激励与精神激励

（1）物质激励。物质激励是指以金钱或者实物的形式表现出来，主要用于满足人的物质需要的外在激励方式。物质激励主要有工资、奖金、津贴、年终分红以及赠送各种实物等等。

（2）精神激励。精神激励是指以表扬、鼓励等形式表现出来，主要用于满足人的尊重和成就需要的内在激励方式。精神激励主要有评劳动模范、表扬、晋级等等。

（三）个人激励与集体激励

（1）个人激励。个人激励是以企业家个体的工作实绩为标准，并根据这种标准给予奖励的一种方式。个人激励主要强调个人的能力和努力，奖励其对国家、企业的贡献。

（2）集体激励。集体激励是以团体的工作成就为衡量标准，并依据这种标准给予团体奖励或者通过团体再奖励个体的奖励方式。集体激励主要强调企业家团体的协作与努力，奖励其对企业、社会所做的贡献。

（四）激励方法及其运用

（1）目标激励。目标激励就是让企业家把个人目标、企业目标和国家目标结合起来，形成目标链，从而激发动机、调动积极性的一种方法。目标通常被称为"诱因"，即能够满足企业家需要的外在物。目标既可以是外在的实物对象，也可以是精神对象。

（2）强化激励。强化激励是通过某种硬性措施有效地刺激商务企业家，激发其行为与需求的一种方法。强化刺激有正强化和负强化之分。前者是上级主管对企业家的某种行为给予肯定和奖励，使其正确的行为得到巩固和保持；后者是上级主管对企业家的某种行为给予否定或惩罚，使其不良行为得到纠正和克服。

（3）关怀激励。关怀激励是上级以真诚的感情理解、照顾、体贴企业家，从而激发商务企业家的主人翁责任感，调动其积极性的一种激励方法。上级要关心企业家的家庭、老人和孩子的衣食住行，时时刻刻给他们送"温暖"。

（4）支持激励。支持激励是上级主管要善于启发、鼓励企业家的创造性、建设性行为，调动企业家潜力的一种方法。要鼓励企业家的开拓首创精神，信任他们，允许他们犯错误，积极鼓励他们开发新产品、新市场。

第五节　关于执行流动人员档案管理的案例分析

社会经济多元化推动形成了越来越自由的劳动力市场，劳务关系变化越来越频繁，人员流动带来了活力和机遇，但是也给档案管理工作带来了挑战。国家虽然出台了流动人员档案管理的专项规定，但是执行情况却不甚理想。对此笔者在本节中通过简述一个案例对流动人员档案管理进行探讨，并将执行情况的问题及建议进行了分析，旨在通过本节研究为商务人员档案管理提供有益借鉴，维护商务流动人员档案安全，为人才流动提供完善的服务保障。

一、案例简介与分析

（一）案例简介

本案当事人杨某在 1993 年入职北京市某物流公司，双方签订了劳动合同，合同中约定了五年的劳动期限，之后该物流公司派其公司内部职工孙某到杨某户口所在的街道办事处劳动科办理了具体的档案转入。到 1998 年合同期满后，该物流公司决定不再与杨某续签合同，双方随即解除了劳动关系。直到 2011 年杨某新找到工作，需要办理档案转入手续时，发现其档案已经不知去处，查找到原来的物流公司，但物流公司无法提供转递档案的相关证明文书或者回执等证据材料。由此杨某向北京市档案局举报，经调查该物流公司不能证明杨某档案已转出，对档案丢失要负有责任。

（二）案情分析

该案件中，用人单位违反了《流动人员人事档案管理暂行规定》（以下简称《规定》），也违反了北京市相关管理办法，除了要承担相关行政责任，还要承担民事责任。当事人杨某与用人单位之间存在着民事劳动关系，用人单位有权按照合同在合同期满后解除与杨某劳动关系，但是要按照有关法律法规执行。此案中，由物流公司职工孙某个人去办理档案转入，从程序上就存在瑕疵，应当由人才流动服务机构按照规定程序进行转递，同时还要留存相关回执证明，以便出现问题后能够查找问题根源，物流公司在被调查中无法提供相关证明材料就说明了这一点。

二、执行流动人员档案管理中存在的问题

像杨某这样的流动人员档案丢失的情况在当前时有发生，同时还存在着其他问题。这不仅影响着流动人员就业及劳动保险、社会保障待遇等切身利益，也影响着人才录用和国家统一的档案公共服务体系建设与完善。

（一）流动人员档案丢失情况越来越多

在北京档案局接到的举报中，和杨某一样档案丢失的情况最为常见，尤其是近年来大中专毕业生就业流动性较大，档案丢失情况也越来越多。根据某市对高校毕业生档案丢失情况进行统计，发现超过2万份档案都处于失联状态，这与大中专毕业生自身对档案不重视以及工作流动性较大都有关系。而像本案杨某这类流动人员档案丢失的情况也越来越多。

（二）流动人员档案管理缺乏规范性

档案管理是一项有着严格规范性要求的工作，但是流动人员档案在管理上明显缺乏规范性。首先在档案时效内容上，没有随着人员流动进行内容更新，档案内容不能及时反映流动人员工作履历等情况信息；其次在档案历史内容上，很多档案材料中已经出现了字迹模糊的现象，某一阶段档案材料内容不全或者手续不全，无法形成有效衔接，严重影响用人单位对流动人员的考察；再次，在流动人员档案管理上，很多地方人事档案管理部门都没有严格执行管理要求，包括档案借阅、档案收集与整理等，很容易造成档案的内容问题和档案的安全问题。

（三）流动人员档案转递缺乏程序性

上文在案例分析中提到了物流公司对杨某档案转入存在程序上的违规，这也是造成档案丢失的原因之一。按照《规定》，对流动人员档案要按照程序进行转递，从办理档案转递的主体资格，到转递中需要提交和保存的证明材料都是对程序性要求的体现，同时也是

证明按照程序进行档案转递的证据。流动人员档案转递可能相对频繁，按照程序要求，应该要保证档随人走，人员发生流动后档案也要随之转递到相关档案管理部门。但是现实中有些单位没有按照"档随人走"的原则进行档案转递，造成档案丢失。还有当前很多单位录用员工都是自主录用，没有按照程序要求到人才服务机构办理相关转递手续；有的办理了代理手续，但是在具体的转递中没有按照程序要求形成通知文件、单据，使档案丢失后根本无从查找。

三、执行流动人员档案管理的合理化建议

（一）加强对流动人员档案管理的重视

作为档案管理部门，要在社会层面向流动人员广泛宣传档案的重要性，尤其向大中专毕业生进行宣传，因为他们缺少阅历，对档案重视程度不够，毕业后在工作稳定之前往往会经历多次工作变动，在这一过程中档案容易产生问题。因此要让流动人员自身重视起自身档案，只有个人认识到档案的重要性，才能关注自身档案，这也是减少流动人员档案失联的有效对策。同时作为人才流动服务机构，也要重视流动人员档案管理工作，严格按照规定进行档案管理，尤其是涉及流动人员档案移转，一定要按照规定程序与规定的部门或单位进行档案移转，避免发生档案丢失情况。

（二）加强流动人员档案管理规范性

当前流动人员档案主要都是由人才流动服务机构管理，在档案管理规范化方面，要做到整个过程的规范化。从接收档案开始，就要严格按照规定的时间、手续要求进行办理，尤其是对离职人员的档案要在规定时间内由人才流动服务机构转接过来，避免因超期导致原单位不再管理而形成"空窗期"。在接收档案后要进行审查并整理档案，对于没有入档的材料也不能丢弃。同时，还要结合流动人员前一阶段工作经历进行档案材料补充更新，完善档案真实性，也为流动人员提升档案对其个人能力的反映，让下一用人单位能够通过档案看到人才的价值。此外，流动人员档案按照《规定》应当进行集中统一管理，这也是规范化的要求之一。

（三）通过信息化建设强化流动人员档案管理的程序化

流动人员档案管理的难点之一是有些人员流动是跨地域的，档案转递中由于沟通不畅可能发生各种问题。新时期人员流动性越来越大，流动范围和领域也越来越广，那么应当利用信息化建设档案信息化管理系统，将不同地区、不同行业领域等流动人员档案进行统一备案登记，形成数据库。同时利用网络信息及时更新流动人员档案内容，利用网络同步流动人员档案转递，这样也能够保障档案管理程序化。应用信息化技术将会形成电子转递记录，有详细的时间、内容、人员等信息可查，也会减少档案丢失等情况。

本节通过以流动人员档案管理工作的研究为例，探讨商务管理中对人才的管理。档案

管理不但关系到个人档案安全，关系个人就业发展，也是整个社会服务体系的一部分。流动人员档案管理由于涉及不同用人单位，甚至是不同地区之间档案转接，容易产生问题，本节笔者结合相关案例对该问题进行的探讨与总结并不全面，不过可以确定的是，对档案的问题应当引起有关部门的重视，并加强管理。

第七章　商务冲突的管理

　　企业开展商务活动，必须与外界发生广泛的经济联系，同时也不可避免地会产生各种摩擦、冲突，从而影响和制约着商务活动的健康运行。与商务活动相关的各种摩擦、冲突通常称为商务纠纷或商务冲突。典型的商务冲突是在合同履行过程中产生的各种纠纷。如何协调合同纠纷，化解商务冲突是商务管理的重要内容。本章通过借鉴国外商务冲突管理的理论和方法，结合实际，就商务冲突及其管理的有关内容进行介绍。

第一节　商务冲突的概述

一、商务冲突的产生及类型

（一）商务冲突的产生根源

　　商务冲突是指由于某种差异而引起的抵触、争执或争斗的对立状态。人与人之间由于在利益、观点、掌握的信息或对事件的理解上存在差异，就可能引起冲突。不管这种差异是否真实存在，只要一方感觉到有差异就可能会发生冲突。肯尼思·托马斯认为冲突是一个过程，"这个过程始于一方感到另一方阻挠或似乎阻挠他所关注的事物之时"。由此可见，当一方察觉到自身利益受到损害或将会受到损害时，他就会反击对方的侵害，从而引起商务冲突。商务冲突可以表现为心理冲突和行为冲突。由于人们之间存在的差异多种多样，冲突产生的原因也是多方面的。大体上可归纳为以下三类：

　　1. 沟通变异

　　沟通差异表现具体如下：文化和历史背景不同、方言差异、内容误解及沟通过程中噪声的干扰；当事人从不同信源获得信息，信息内容存在差异；同一信息未按规定时间传输，造成信息时效偏差；或虽然信息传输顺畅，但因当事人理解错误，发生信息理解的语义偏差；信息传输、理解都正确，或许因当事人的利害关系未按信息规定办事，造成信息应用的偏差，等等。这一切都可能造成人们之间意见不一致，沟通不良而产生冲突。沟通差异是冲突的重要原因，但不是主要原因。

　　2. 组织结构差异

　　观察商务活动中经常发生的冲突，绝大多数是由组织结构的差异引起的。分工造成组织结构中垂直方向和水平方向各系统、各层次、各部门、各单位、各不同岗位的分化。组织愈庞大愈复杂，组织分化愈细密，组织整合就愈困难。由于信息不对称和利益不一致，人们在计划目标、实施方法、绩效评价、资源分配、劳动报酬、奖惩等许多问题上都会产生不同看法，这种差异是由组织结构本身造成的。不少商务管理者，甚至把挑起这种冲突看作是自己的职责，或作为树立自己威望的手段。几乎所有管理者都会经常面临与同事或下属之间的冲突。

3. 个体差异

由于每个人的社会经历、地位、知识、文化等存在差异，造成每个人对事物会有不同的态度和价值观。这种当事人态度和价值观的不同使得商务活动中的当事人复杂多样。例如，跨国经营中交叉文化一直是商务活动中的棘手问题。一件平常的事往往会因不同的文化和价值观念产生激烈的冲突。这种个体差异造成的合作和沟通上的困难往往也容易成为某些冲突的根源。

由此可见，商务冲突概括来说，不外乎由认识和利益两方面所引起，它表现为心理冲突和行为冲突。商务冲突管理是商务活动正常开展的重要保证。没有有效的商务冲突管理就不会有轻松愉快的、符合规范的经商环境。

（二）商务冲突管理的重要性

（1）商务冲突管理是建立高质量工作环境的需要。冲突有建设性的，也有破坏性的。有些冲突解决得好，能转化为建设性的，解决不好会变为破坏性的。同时，有些冲突本身就是破坏性的，它会给正常的商务活动带来破坏性影响。两种类型的冲突都需要管理，只有对冲突进行有效管理，才能建立高质量工作环境。

（2）商务冲突管理关系到工作效率和事业成功。据肯尼思·托马斯和沃伦·施米特的调查，在 280 名管理人员中，解决冲突的工作占据 20% 的管理时间。如此重要的工作解决不好，就会严重干扰正常工作，影响工作效率。和企业众多管理职能相比，冲突管理有着十分重要的作用。通过调查，管理者认为处理冲突的效率与工作效率及事业成功的关系最大。

（3）商务冲突管理对企业的生存与发展至关重要。商务冲突涉及企业与政府、金融、税务、公安、社区、用户等多方面的关系。它关系到企业的外部环境，处理得好，企业就可以顺利发展；处理不好，就会使企业受到损失。往往一个环节的失控，会导致企业全线崩溃。这样的例子屡见不鲜。

二、商务冲突的类型

在商务活动和非商务活动中，经常发生一些与商务活动相关的冲突。这些冲突主要反映在六个方面，也可以说商务冲突有六种类型。

（一）合同履行中产生的冲突

由于不履行合同或不完全履行合同发生的商务冲突是商务活动中最常见的商务冲突。合同履行中合同的许多内容都可能产生纠纷和冲突，如标的物数量、质量、型号、规格；价格、定金；执行期限；付款日期、付款形式；赔偿金、违约金等。例如，甲乙双方签订了一项买卖合同，约定甲方向乙方购买化工原料 100 吨，总价值 200 万元，合同签订后 3 个月内供货，甲方支付定金 10 万元，合同违约金为 10 万元。合同签订 3 个月后，乙方未能供货，甲方多次催讨未果。经查乙方已将该批货物高价转卖他人。由于乙方违约，致使甲方遭受经济损失 50 万元。甲方诉诸人民法院，请求依法维护其合法权益。显然，这是一件逾期未交货引起的合同纠纷，争议的焦点是违约责任方的认定。

（二）假冒、侵权产生的冲突

假冒和侵权是有区别的。假冒是假冒商标的简称，它是指以营利或者以获取其他非法利益为目的，违反商标管理法规，假冒他人的有效注册商标，故意侵犯他人注册商标专用权的一种情节严重、危害极大的行为。假冒的表现形式有：

一是假冒他人注册商标；

二是伪造、擅自制造他人注册商标或销售伪造、擅自制造注册商标标识；

三是销售明知是假冒注册商标的商品。

侵权是指商标侵权行为，一般是指他人在未经注册商标所有人许可的情况下，擅自使用某一注册商标，或者把注册商标的主要部分作为自己的商标或商标名称等，用在与注册商标人指定的商品相同或类似的商品上，从而导致商标混同和消费者的误认。具体表现为三种：

一是未经注册商标所有人许可，在同一种商品或者类似商品上使用与其注册商标相同或近似的商标；

二是擅自制造或销售他人的注册商标标识；

三是给他人注册商标专用权造成其他损害的行为（如销售侵犯他人商标权的商品）。

不管假冒还是侵权，都是损害利益的行为。假冒与被假冒，侵权与被侵权，双方构成相互冲突的关系。

商标作为企业重要的知识产权，直接关系到企业的生存和发展。企业欲在激烈的市场竞争中谋取一席之地，必须善于运用法律武器来保护自己。我国《商标法》规定，只有商标注册人享有商标专用权，才能受法律保护。改革开放以来，企业逐步从生产型向生产经营型转变、但很多企业对于与市场生产成败密切相关的商标意识还缺乏紧迫感，缺乏创名牌、创一流产品的长远发展眼光。随着市场经济的深化发展，工商企业急需将自己的生产经营活动纳入法制轨道，以保护自己的合法权益。

（三）争夺技术权益引起的冲突

科学技术是第一生产力。市场上常见的争夺技术权益引起的冲突多表现为企业为获取或垄断某项技术而展开激烈的争夺。他们争夺的目标有的是技术资料本身，有的是掌握技术资料的技术人员。

（四）争夺原料和销售渠道所引起的冲突

原料是生产要素，是工业的食粮；销售渠道是产品通向用户的途径。原料是每个企业必不可少的，因此在商界争夺原料和销售渠道的斗争一天也没停止过。为了原料和渠道，商家使出浑身解数，进行拼死的搏杀。

（五）广告活动中的冲突

广告活动中的冲突是商贸冲突的公开化。企业的利益冲突，总是寻求多种解决途径，广告是其中最重要的手段之一。

（六）刑事犯罪所引起的冲突

刑事犯罪分子的犯罪行为，如投毒、放火等，可能对企业信誉和形象产生巨大的破坏。这样犯罪分子和企业之间就会形成对抗与冲突。例如，1994年6月9日华盛顿州的西雅图有人声称在百事可乐易拉罐内发现注射器针头和注射器，接着又有人说发现了螺丝、子弹。类似的投诉在美国19个州内蔓延，到6月13日报案超过50起。这对百事可乐来说是关系到能否生存的一场危机。百事可乐公司从一开始就断然否认，但这并未消除大众的疑虑。接着公司派人准备了百事可乐装罐过程的录像带，让消费者亲眼见证在装罐过程中不可能插入注射器。6月15日百事可乐在6个新闻节目中播放了这卷录像带。在联邦调查局的协助下，终于当场抓获了制造谎言、假象的犯罪嫌疑人。之后，百事可乐公司在广播电视中报道了作案人的作案动机和经过，这才消除了消费者的顾虑，使百事可乐公司转危为安。

第二节　商务冲突的调解与仲裁

一、商务冲突的调解

商务冲突在合同的签订与执行过程中尤为普遍。在合同签订和执行过程中的商务冲突，我们通常称为合同纠纷。调解，是解决合同纠纷的首要方法。调解是指中立的第三方在当事人之间调停疏导，帮助交换意见，提出解决建议，促成双方化解矛盾的活动。

在中国，调解主要有四种形式：诉讼调解（法院在诉讼过程中的调解）、行政调解（行政机关在执法过程中的调解）、仲裁调解（仲裁机关在仲裁过程中的调解）和人民调解（群众性组织即人民调解委员会的调解）。这是行政管理机关妥善处理法人之间合同纠纷的基本方法。从我国处理合同纠纷的实际看，大多数合同纠纷通过调解是能够解决的，申请仲裁和提起诉讼的相对较少。

（一）合同纠纷调解的原则

（1）双方当事人自愿原则。调解不是解决合同纠纷的法定途径，调解必须在双方当事人自愿的基础上进行。如果当事人一方不愿意调解，那么就不能强迫调解。调解过程中要让当事人双方充分发表自己的意见，调解人要进行细致地说服教育，直到双方自愿协商和解、达成协议为止。在调解过程中要防止把调解看成是解决合同纠纷必经的法定程序，不达成调解协议决不罢休的做法是错误的。

（2）调解必须立场公正，秉公办事。调解人不是合同当事人某一方的说客，而是双方可以信赖的第三者。所以，调解人必须立场公正、秉公办事，任何偏袒都会引起当事人一方的反感。违反公正原则，当事人双方就很难心平气和、实事求是地协商解决问题。调解人办事不公，即使是双方达成了调解协议，也很难保证协议的贯彻落实。

（3）双方当事人必须积极配合。合同双方当事人要认识到，调解成功既有利于双方的合作关系，也有利于节省成本。因此，当事人双方要积极配合，如实反映情况、提供资料。另外，双方提出的要求要合理。合同当事人要本着实事求是的原则，及时纠正错误、互谅互让，使纠纷尽快得到解决。

（二）合同纠纷的调解要符合时效规定的要求

经济合同纠纷的调解，是由当事人提出申请，合同管理机关受理后开始的。当事人对合同纠纷提出调解申请有一个时间限制，即时效问题。根据我国现行法律规定，合同当事人向合同管理机关申请调解，应从其权利被侵害之日起一年内提出，超过期限主管机关一般不予受理。但是如果当事人确有正当理由，如出现难以预料的复杂情况，延误了时间，超过一年而提出申请时，合同管理机关经研究也可以受理。

合同当事人双方经调解达成协议后，由国家规定的合同管理机关制作调解书，经合同管理机关和当事人双方盖章后生效，具有法律约束力，当事人应当履行。如果一方或双方当事人对调解协议事后不认同的，可以在收到调解书之日起十五天内向国家规定的仲裁机关申请仲裁，也可以直接向人民法院起诉。在法定期间内既不申请仲裁，也不向人民法院起诉的，当事人就应当自动履行。

（三）调解书的要求和内容

调解书应由指定的合同管理机关和当事人双方盖章，调解书应该具体、明确，叙述事实要清楚，责任要分清，引用的法律要准确。调解书的内容包括法人双方的名称、地址、法人代表、纠纷产生的原因和经过、双方争议的事实依据、达成协议的具体内容、制作协议书的机关以及签订协议的时间等。

二、商务冲突的仲裁

仲裁，是指商务活动中当事人双方发生冲突后，由国家规定的管理机关做出的有约束力的裁决。仲裁不同于调解也不同于诉讼。调解，不论是业务主管机关和工商行政管理部门的调解，还是贯穿于仲裁和司法审判活动中的调解，都是双方当事人在有关部门的主持下就双方争议的事项，在查清事实、分清是非的基础上，依照国家法律和政策，自愿达成的协议。诉讼则以法院审判为依据，不论当事人的主观意愿，它具有严肃性和强制性。仲裁介于调解和诉讼之间，既有自愿的一面，也有强制的一面，并具有行政和司法管理的双重特征。

（一）仲裁机关应遵循的原则

根据我国《经济合同仲裁条例》的规定，仲裁机关应遵循的原则有：

（1）必须贯彻以事实为根据、以法律为准绳的原则。仲裁机关对受理合同纠纷案件，必须进行深入的调查研究。查清事实，明辨是非，根据国家法律、法规进行仲裁。

（2）当事人行使权利坚持一律平等原则。为了公正合理地解决纠纷，在进行仲裁时，合同当事人不论所有制性质、规模大小，都是以合同纠纷当事人身份出现的，他们在法律上享有平等的权利。仲裁机关仲裁时保证它们享有的权利，不允许任何人凌驾于法律之上。

（3）贯彻以调解为主、仲裁为辅的原则。经济合同当事人双方一般都有密切的经济往来，为了维持合理的协作联系，仲裁机关首先要对当事人双方进行政策、法治教育，引导双方协商，自愿达成协议。

（4）允许和保证当事人运用本民族语言进行陈述答辩。在少数民族居住地或多民族共同居住地区，应当用少数民族语言进行调解、仲裁、制作仲裁书，为少数民族当事人提供翻译，以扫除调解、仲裁的语言障碍。

（二）仲裁的基本制度

根据我国《经济合同仲裁条例》规定，仲裁的基本制度是：

（1）实行一次终局裁决制度。在经济合同纠纷中，仲裁机关实行一次终局裁决制度。这是因为合同纠纷的调解和仲裁，不是向人民法院起诉的必经程序。如果当事人一方或双方不愿服从仲裁，可以直接向法院起诉，不必实行二级仲裁。

（2）实行委托代理制。委托代理制是指当事人、法定代表人可以委托一人或两人代为诉讼。如果当事人委托他人代为诉讼，必须向仲裁机关提交委托代理书。委托书要写明委托的事项以及受托人的权项。诉讼代理人根据案情需要，可以查阅除涉及国家机密材料以外的与本案有关的材料。

（3）时效制度。时效制度指当事人向仲裁机关申请仲裁，应从其知道或者应当知道的权利被侵害之日起一年内提出，超过规定的时间，仲裁机关不予受理，但侵权人愿意承担相关责任的，不受时效的限制。

（4）实行回避制度。回避制度是指仲裁庭的组成人员，如果认为办理本案不适宜，应当自行申请回避；当事人发现仲裁庭成员与本案有关联，有权用口头或书面方式申请他们回避。首席仲裁员的回避，由仲裁委员会主任或副主任决定。仲裁机关可通过口头或书面方式对回避与否做出决定。回避制度能保障当事人平等行使权利，从而公正、合理地解决合同纠纷。

（三）经济合同纠纷仲裁程序

根据我国《经济合同仲裁条例》，我国经济合同纠纷仲裁程序包括申请仲裁、受理案件、仲裁、仲裁裁决的执行与监督等。

（1）申请仲裁。经济合同纠纷发生后，当事人中的任何一方都可以向合同管理机关提出仲裁申请，递交申请书，并按被诉人数提交副本。仲裁申请书的内容包括：被诉人名称、地址、法人代表姓名、职务；申诉理由、证据、要求；证人姓名、地址等。

（2）案件受理。仲裁机关接到仲裁申请后，经审查认为符合立案条件的，应在 7 天内立案；不符合条件的应在 7 天内通知申诉人不予受理，并说明理由。对立案受理的案件，仲裁机关应在 5 天内将申请书副本发送到各个被诉人，通知他们在收到申请书后 15 天内提交答辩书和有关证据。被诉人不按时提交答辩书或不提交答辩书的，不影响案件的处理。仲裁机关的仲裁人员要认真阅读申请书、答辩书；对现场进行勘查或对物证进行技术鉴定；对有关信息资料要清楚记录。为了减少合同纠纷的不良后果，仲裁机关在处理案件时可以采取保全措施。保全措施包括中止经济合同履行，查封和扣压货物，对不易保存的货物加以变卖并保存价款。

（3）仲裁。当调解不成或对调解协议有异议的经济合同纠纷需要仲裁庭立案仲裁时，开庭前仲裁机关要将开庭时间、地点以书面方式通知当事人。当事人经两次通知，无正当理由拒不到庭的，可做缺席仲裁。仲裁开庭后，可以再次进行调解。调解仍不能达成协议的，由仲裁庭合议后裁决，并制作裁决书。仲裁决定书应写明申诉人与被申诉人的姓名、地址及其代表人或者代理人的姓名、职务、申请理由、争议的事实与要求；裁决认定的事实、理由和适用的法律；裁决的结果和仲裁费用的负担；不服裁决的起诉期限等。

（4）仲裁裁决的执行与监督。经济合同纠纷的当事人双方收到仲裁决定书后，如果没有异议，应在规定期限内自动履行。当事人一方或双方对仲裁不服的，在收到仲裁决定书之日起 15 天内可向人民法院起诉；期满不起诉，仲裁决定书即发生法律效果。一方逾期不履行，另一方可向有管辖权的人民法院申请强制执行。所以仲裁执行，是指仲裁决定书已发生法律效力而当事人仍不履行时所采取的强制性措施。仲裁决定执行过程中若发现确有错误，仲裁委员会有权撤销原裁决，另行组织仲裁庭重新裁决。在经济合同纠纷处理中如果发现犯罪行为，需要追究刑事责任的，应移送司法机关处理。

（四）经济合同纠纷的管辖

对经济合同纠纷仲裁，我国实行分级管辖的体制，根据案情轻重实行有效分工。一般纠纷案件的管辖，是指根据民事案件的不同情况和各级人民法院的职权范围，确定案件由哪一个法院受理的一种司法制度。案件的管辖是诉讼中首先遇到的问题。当事人应当了解管辖的规定，向有管辖权的人民法院提起诉讼。根据民事诉讼法规定，管辖主要可以归纳为级别管辖、地域管辖以及移送管辖与指定管辖等三种情况。此处，仅介绍级别管辖和地域管辖。

1. 级别管辖

我国人民法院分为四级，即基层人民法院、中级人民法院、高级人民法院、最高人民法院。级别管辖是指各级人民法院受理民事案件第一审案件的分工和权限。确定级别管辖的原则是以案情是否重大复杂、影响范围大小为标准的，具体规定如下：

（1）基层人民法院管辖第一审民事案件，但民事诉讼法另有规定的除外。

（2）中级人民法院管辖第一审民事案件：重大涉外案件；在本辖区内有重大影响的案件；最高人民法院确定由中级人民法院管辖的案件。

（3）高级人民法院管辖在本辖区内有重大影响的第一审民事案件。

（4）最高人民法院管辖第一审民事案件：在全国有重大影响的案件；认为应当由本院审理的案件。

2. 地域管辖

地域管辖是指确定同级人民法院在各自的辖区审理第一审民事案件的分工和权限。地域管辖可分为一般地域管辖、特殊地域管辖、专属地域管辖、选择（共同）管辖和协议管辖等。

（1）一般地域管辖。一般地域管辖是指以当事人的所在地与法院辖区的关系来确定管辖法院。其原则是"原告就被告"，即民事诉讼由被告所在地人民法院管辖。被告所在地是指自然人的户籍地、居所地、法人及其他组织的主要营业地、主要办事机构所在地等。一般情况下，原告应到被告住所地有管辖权的人民法院起诉。被告为自然人的，住所地为其户籍地，户籍地与住所地不一致时，以其经常居住地为住所地；被告为法人或其他组织的，住所地为其主要机构所在地、主要营业地、登记地。

（2）特殊地域管辖。特殊地域管辖是地域管辖的一种，是指以当事人住所地、诉讼标的或标的物及法律事实所在地为标准来确定案件管辖法院的一种管辖制度。下列案件实行特殊地域管辖：①因合同纠纷提起的诉讼，由被告住所地或者合同履行地人民法院管辖；②因保险合同纠纷提起的诉讼，由被告住所地或者保险标的物所在地的人民法院管辖；③因票据纠纷提起的诉讼，由票据支付地或者被告住所地人民法院管辖；④因铁路、公路、水上、航空运输和联合运输合同纠纷提起的诉讼，由运输始发地、目的地或者由被告住所地人民法院管辖；⑤由侵权行为提起的诉讼，由侵权行为地或者被告住所地人民法院管辖；⑥因船舶碰撞或者其他海事损害事故请求损害赔偿提起诉讼的，由碰撞发生地、碰撞船舶最先到达地、加害船舶被扣留地或者被告住所地人民法院管辖；⑦因铁路、公路、水上和航空事故请求损害赔偿提起的诉讼，由事故发生地或者车辆、船舶最先到达地、航空器最先降落地或者被告住所地人民法院管辖；⑧因海难救助费用提起的诉讼，由救助地或者被救助船舶最先到达地人民法院管辖；⑨因共同海损提起的诉讼，由船舶最先到达地、共同海损理算地或者航程终止地的人民法院管辖。

（3）专属管辖。专属管辖是指按照诉讼标的特殊性与管辖的排他性而确定的管辖。下列案件实行专属管辖：①因不动产纠纷提起的诉讼，由不动产所在地人民法院管辖；②因港口作业中发生纠纷提起的诉讼，由港口所在地人民法院管辖；③因继承遗产纠纷提起的诉讼，由被继承人死亡时住所地或者主要遗产所在地人民法院管辖。

（4）选择（共同）管辖。选择管辖是确定管辖的一种方法。两个或两个以上法院对同一案件共有管辖权的情况下，原告可以从最有利于自己的角度，任意选择其中一个法院为管辖法院。同一诉讼的几个被告住所地、经常居住地在两个以上人民法院辖区的，各人民法院都有管辖权；两个以上人民法院都有管辖权的案件，原告可以向其中一个人民法院起诉；原告向两个以上有管辖权的人民法院起诉的，由最先立案的人民法院管辖。

（5）协议管辖。协议管辖又称合意管辖或者约定管辖，是指双方当事人在合同纠纷或者财产权益纠纷发生之前或发生之后，以协议的方式选择解决他们之间纠纷的管辖法院。合同的双方当事人可以在书面合同中选择被告住所地、合同履行地、合同签订地、原告住所地、标的物所在地人民法院管辖，但不得违反《合同法》对级别管辖和专属管辖的规定。

第三节　商务冲突管理的方法

一、商务冲突的分析与诊断

（一）冲突管理的权变思维

商务冲突较多地表现为企业与外部的关系。当双方或多方的权利、义务关系失去均衡时，表明冲突已经产生。冲突管理的目的，就是要调整相互关系，实现新的均衡或取得谅解。由此可以看出，冲突是否需要解决，首先要看相互利益的不均衡是否影响到他们的相互协作或商务往来。如果冲突没有妨碍各方的正常关系，没有引起相互攻击，就认为冲突已经得到了管理。例如，在商务活动中，由于双方工作作风、思想方法不同，容易引起当事人情绪不快，但对双方商定的协议、合同仍能共同承担责任，有一个正常的工作关系，这就认为冲突已经得到了成功的管理。

商务活动当事人要善于分析冲突的性质，分清建设性冲突和破坏性冲突，要在有害方面和有益方面取得最佳平衡，以正确的管理行为缓解冲突的消极作用，增强其积极作用。冲突关键是要在多、少之间进行平衡。心理学家布朗认为，群体对冲突的态度因情况而异。冲突过多时应采取的策略是：强调当事人双方利益的一致性和相互依赖性；明确冲突升级的动态和造成的损失；培养共同感情，消除成见，没有冲突是不正常的。这是当事人双方应看到相互利益的不一致方面，增强相互之间的界限意识。

（二）冲突诊断模型

商务活动中冲突普遍存在，对这些冲突不仅要有正确的思想认识，还要有分析、处理冲突的正确诊断方法。

冲突诊断模型主要有以下几点：

（1）争论焦点。这涉及对冲突的定性。如果将问题定为原则性问题，就可能使当事人双方走向敌对状态。因为问题定性涉及双方在道德、责任、是非上承担的判定结果，所以双方互不相让的话，容易导致冲突难以解决。其实这种策略反过来会用来对付使用者自身，这是一种容易陷入僵局的策略。对这一局面的有效解决办法是使当事人双方认识到，调解人已经了解了双方的观点，并认为双方的观点都有一定的道理。这样就能使双方由冲突转向和解并解决问题。

（2）利害大小。利害关系大，问题难于解决。例如，涉及双方违法、违反合同、企业信誉、品牌声誉等问题，当事人一般都不轻易让步。在许多情况下，双方对利益的争取，不采取强硬措施时，教育反倒能奏效。

（3）利害相关性。冲突双方的利益如果是负相关，即一方在相互交往中的所得是以牺牲另一方为代价时，这类冲突不容易解决。在正相关依存条件下，通过解决问题双方都能得到好处，冲突就容易解决。解决利害相关性冲突时，要引导双方寻找利益共同点，把在分配中争夺份额大小转化为寻求最佳解决方案，即力图获得最佳初始分配比例。

（4）冲突双方交往的历史。冲突双方交往的历史涉及打交道时间的长短。如果双方要长期合作共事，大家都会求同存异，在小问题上相互退让，以谋求双方取得长期的最大利益，这样他们之间的冲突就容易解决；如果双方关系是一次性交易，一方很难迁就对方，冲突便难以解决。

（5）冲突双方的组织结构。这里是指当事人双方企业内部组织结构及领导职位状况。如果企业内部组织混乱，分崩离析，领导软弱无力，它的对外谈判力量弱，就不容易解决与贸易伙伴的冲突；反之，组织严密，团结一致，领导坚强有力，它的对外谈判力量强，就容易解决与外部的冲突。

（6）第三方的介入。在商务活动中发生冲突时，当事人容易情绪激动，导致认识片面，产生非理性想法，从而引发争吵。态度上不合情理，妨碍人们的思想交流，容易造成相互攻击，使冲突难以解决。

在双方激烈争执的情况下，介入争执的第三方，就可能成为有效的"劝架人"。这是因为人们都有自我尊重的需要，希望别人承认他是通情达理的。第三方有威望、可信赖、保持中立，更能使冲突双方克制感情、约束自我。第三方如调解、仲裁者介入，可以监督双方对话，或为对立双方牵线搭桥，寻找解决冲突的阶梯。

（7）对冲突后果的看法。让冲突双方了解冲突现状和后果，对冲突的缓解和最终解决是有益的。例如，从冲突现状来看，一方占了便宜，另一方吃了亏。吃亏的一方往往不满足于现状，采取多种办法改变现状。但有时事物不可能完全平衡，保持利益的适度倾斜，可能会使双方获得更大的利益。打破现状，追求绝对平衡，也可能使双方失去合作基础，蒙受更大的损失。

二、冲突的应对策略

冲突的应对策略主要有以下五种：

（一）回避或者撤出

回避或者撤出是指卷入冲突的人们从发生冲突的情况中抽身，避免发生实际冲突或者潜在冲突。这种方法有时并不是积极的解决途径，它可能会使冲突积累起来，并在后来逐步升级。

（二）竞争或者强制

竞争或者强制策略的实质是"非赢即输"，这种观点认为在冲突中获胜要比"勉强"维持人际关系更为重要。这是一种积极解决冲突的方式。当然有时也可能出现一种极端的情形，如进行强制处理，可能会导致团队成员关系紧张、工作环境恶化。

（三）缓和或调停

"求同存异"是缓和或调停策略的实质，即尽力在冲突中强调意见一致的方面，最大可能地忽视差异。尽管这一方式能够缓和冲突，避免一些矛盾，但它并不利于问题的根本解决。

（四）妥协

通过协商寻求双方在一定程度上都满意的方法是妥协策略的实质。这种策略的主要特征是寻求一种折中方案。尤其当双方提出的方案难于让对方接受时，妥协是较为恰当的解决方式。但是这种方法并非在任何情况都能适用。

（五）正视

正视冲突是克服分歧、解决冲突的有效途径。通过这种方法，团队成员正视问题，直面冲突，共同探讨，解决冲突。这种策略是一种积极的冲突解决途径，它既正视问题，也重视团队成员的关系。以诚待人、形成民主的工作氛围是采用这种方法的关键。它要求成员用更多的时间去理解把握其他成员的观点和方案，要善于处理而不是压制自己的情绪和想法。

以上策略的分类和评价主要针对的是普遍情况，通常"正视冲突"是最有效的方法。但在实际的冲突面前，管理者需要使用多种策略以达到最佳的效果。例如，在冲突最激烈的时候或是信息掌握不充分的时候，可以考虑先采用"回避、撤出"的策略以缓解双方激烈、冲动的情绪，然后再采取积极的解决措施。

以上这些策略都有适用的情景，但是最终应该对冲突采取"面对"的态度，对冲突原因进行分析，解决冲突并采取预防措施，防止类似冲突的发生。

三、商务冲突管理的方法

（一）传统冲突管理的方法

传统观点往往只看到冲突的消极影响，把冲突当作组织内部矛盾、斗争、不团结的征兆。事实上由于沟通差异、结构差异和个体差异的客观存在，冲突也就不可避免地存在于一切组织之中。我们不仅要承认冲突是正常现象，还要看到冲突的积极作用。一个组织如果没有冲突或很少出现冲突，对任何事情都意见一致，这个组织就会对环境变化反应缓慢，缺乏创新。当然一个组织如果冲突过多过激也会造成混乱、涣散、分裂。所以，组织应保持适度的冲突，使组织成员形成批评与自我批评、不断创新、努力进取的风气，组织内部就会出现人人心情舒畅、奋发向上的局面，组织就有旺盛的生命力。这就是管理者处理冲突的使命所在。

当组织缺乏冲突时，管理者应细心地寻找原因，思考自己是否过于看重决策的"意见一致"，是否过分强调"团结、友谊和支持比什么都重要"，是否处理问题过于"中庸"，在用人、奖励、惩罚时，是否过于关注不同意见，或者是否走到另一极，过于独断专行，是否压制打击过批评者，或者对不同意见者态度过于严厉。最后，要静下来扪心自问，自己是否已被"点头称是的人们"所包围，为了促进冲突，管理者除改变自身的思想观念和工作作风外，还要有意识地鼓励、支持、任用、晋升持不同意见的人。

缺乏冲突时，希望有冲突；真有冲突时，又有可能害怕冲突，所谓"叶公好龙"，是许多管理者的通病。处理冲突实际上是一种艺术，优秀的管理者通常以下几种方法处理商务冲突：

（1）谨慎地选择想处理的冲突。管理者可能面临许多冲突。其中，有些冲突非常琐碎，不值得花很多时间去处理；有些冲突虽很重要但不是自己能解决的，不宜插手；有些冲突难度很大，要花很多时间和精力，也未必会有好的结果，因此不要轻易介入。管理者应当选择那些群众关心，影响面大，对推进工作、打开局面、增强凝聚力、建设组织文化有意义有价值的冲突，亲自解决并解决到底。

（2）仔细研究冲突双方成员。观察是哪些人存在冲突，冲突双方的观点是什么，差异在哪里，双方真正感兴趣的是什么，其人格特点、价值观、经历和资源因素如何等。

（3）深入了解冲突的根源。不仅要了解公开的冲突原因，还要了解深层的冲突原因。冲突可能是多种原因交叉作用的结果，因此还要进一步分析各种原因作用的强度。

（4）妥善地选择处理办法。通常的处理冲突办法有五种：回避、迁就、强制、妥协、合作。当冲突双方情绪激动、需要时间恢复平静时，可采用回避策略；当维持和谐关系十分重要时，可采用迁就策略；当必须对重大事件或紧急事件进行迅速处理时，可采用强制策略；当冲突双方争执不下需采取权宜之计时，只好让双方都做出一些让步，实现妥协；当事件十分重大，双方不可能妥协时，要经过开诚布公的交流，筛选对双方均有利的合作，或实现双赢的解决方式。

（二）商务冲突管理的方法

在商务中防止和解决冲突的方法，大致有四种。在具体使用时，管理人员可以根据实际情况采用不同的管理策略。

（1）制定在公司范围内解决冲突的方针和管理程序，形成健康的文化氛围。通过管理程序加强大家对商务目标和个人期望的理解，明确各方分工，等等，这能在一定程度上避免冲突的发生。但是公司各部门差异比较大，其冲突的原因也各有不同，因此这种方法不一定很有效果。如果公司内部形成一种有利于冲突解决的文化气氛，例如鼓励员工之间进行坦诚的交流和建立彼此的信任，并得到公司制度的支持，在这种氛围中很多冲突、矛盾就容易解决。

（2）在早期计划活动中建立商务冲突的解决程序。商务冲突是可以"计划"的，可以通过计划消除一些冲突，也可以通过计划对可能发生的冲突事先制定处理方案，包括把责任落实到人。

（3）借助上级解决冲突。有时冲突需要上一级管理人员从更高层次进行权衡，这样有利于维护公司利益的最大化，但是在实践中这种做法往往会被员工视为"打小报告"。所以，建议冲突各方在充分协商沟通之后，如仍不能达成解决方案时再向上级寻求解决。

（4）冲突双方以积极的态度直接接触，通过沟通和协商解决问题，维持双方友好的合作关系对解决冲突是十分有利的。因此，在实际工作中，冲突双方可以采用正式或者非正式的方法进行沟通，尽可能在最小范围内解决问题。

（三）商务冲突管理中的谈判

谈判是双方或多方为实现某种目标就有关条件达成协议的过程。这种目标可能是为了实现某种商品或服务的交易，也可能是为了实现某种战略或策略的合作；可能是为了争取某种待遇或地位，也可能是为了减税或贷款；可能是为了弥合相互的分歧而走向联合，也可能是为了明确各自的利益而走向独立。市场经济本身就是一种契约经济，一切有目的的经济活动，一切有意义的经济关系都要通过谈判来建立。

谈判有两种基本方法：零和谈判与双赢谈判。

零和谈判就是有输有赢的谈判，一方所得就是另一方所失，一方赢就是另一方输。零和之所以成功，就是因为双方的目标都有弹性并有重叠区存在，重叠区就是双方和解达成协议的基础。

双赢谈判就是谈判结果找到一种双方共赢的方案。双赢谈判要求双方关注另一方的需求，对另一方有足够的了解和信任。在此基础上通过开诚布公的谈判，就可能找到双赢的方案，从而建立起牢固的长期的合作关系。

优秀的管理者常用的谈判方法有以下几种：

（1）理性分析谈判的事件。抛弃历史和感情上的纠葛，理性地判别信息和依据的真伪，分析事件的是非曲直，分析双方未来的得失。

（2）理解你的谈判对手。分析他的制约因素是什么，他的真实意图是什么，他的战略是什么，他的兴奋点和抑制点在哪里。

（3）抱着诚意开始谈判。态度不卑不亢，条件合情合理，提法易于接受，必要时可以主动做出让步（也许只是一个小小的让步）。尽可能寻找双赢的解决方案。

（4）坚定与灵活相结合。对自己目标的基本要求要坚持，对双方最初的意见（如报价）不必太在意，那多半只是一种试探，有极大的伸缩余地。当谈判陷入僵局时，应采取暂停、冷处理后再谈，或争取第三方调停，尽可能避免谈判破裂。

商务冲突管理的方法很多，如协调法等。在不同企业、部门之间，工作、业务不协调的情况经常出现，这也是导致冲突的原因。如果预先对相互关联的工作做出安排，可以减少因工作结果不协调而产生的冲突。在工作计划实施之前采取共同决策、制定共同目标，也可以避免和减少冲突。

第四节 关于房地产企业冲突管理的案例分析

随着社会经济发展和竞争的加剧，房地产企业管理水平也须随之提升。"冲突"是企业发展过程中不可避免的，它既影响运营管理的效率，又影响企业文化建设的效果，冲突管理应引起企业战略层次的重视。本节以两个不同管理模式的房地产企业为例，探讨如何进行有效的"冲突管理"，以期能对商务管理水平的提升提供一个思路。

一、冲突概述

冲突的定义。从管理学角度来看，冲突是指个人或几个人或团体之间，由于对同一事物持有不同的态度和处理方法而产生矛盾，这种矛盾的激化就称为冲突。冲突常表现为由于观点、欲望、利益或需求的不相容而引起的一种激烈的争斗。从心理学角度来看，冲突是指个体或群体意识到他人采取或将要采取不利于他自身利益的一种行为。个体或群体发觉其他人已经或即将做出与他们自己利益不相符的行动的过程。冲突的产生包含两个必要因素：（1）被双方感知。（2）存在意见的对立或不一致，并带有某种相互作用。

本节所述冲突是此定义的细化，主要针对房地产企业内部控制中存在的"冲突"，包括：（1）部门间冲突，也包括不同利益团体间的冲突；（2）人与人之间的冲突，主要指因价值观、文化背景、个性差异或沟通方式等问题造成的企业员工间的冲突。

冲突观点的演变。20世纪40年代之前，传统观点认为冲突是不良的，需要避免或减少。

20 世纪 40 年代末到 70 年代中期，"人际关系观点"在冲突理论中非常流行，该观点认为对于所有团队与组织来说，冲突都是无法避免的，我们应该接纳冲突。从 20 世纪 70 年代末至今，冲突的互动观点成为主流观点，适当的冲突反而有利于组织的健康发展。

本节以河南两家民营房地产企业为例，来分析房地产企业冲突管理中存在的问题。一家是"正商地产"，香港上市企业；一家是"振兴集团"。这两家企业都创立于 20 世纪 90 年代，均是多元化经营的企业集团，涉及房地产开发、工程建设、物业服务、酒店管理等业务模块，此两个企业的"冲突"管理模式却迥然不同。

二、正商地产"冲突管理"的特点

（1）冲突存在方式。部门间冲突：因制度控制较严格，其"冲突"聚焦于"部门间冲突"。冲突诱因：各企业、各业务部门间因工作考核而产生的冲突，主要基于上下游业务口衔接而产生的冲突。

人与人之间的冲突：企业运营均以制度为准，员工间的感情冷漠，制度规定员工该干什么不干什么；对制度未明确或边缘性事项，员工则不会主动地、积极地去处理。

其他冲突问题：制度的严苛造成"管理僵硬"，企业员工被计划严格限定，主动性、积极性被限，造成员工对企业无归属感，人才流失严重。另外，从企业层面上看，制度严格无弹性，造成企业对市场变化反应迟钝，创新意识差。

（2）主要管理措施。正商地产主要在制度和流程方面不断完善和细化，其目的是尽量将每种冲突都以"制度"形式规避和处理。

对制度无法明确的事项，由强势的"运营部门"解决。

企业文化建议方面，正商地产提倡"狼性文化"，狼性文化就是敢干、敢创新、要团结。

（3）简要评价。基于正商地产"冲突管理"的存在方式和管理措施可以看出：严格的制度将"冲突"聚焦于职能部门间的业务冲突上，从而减少了员工之间的个性冲突。这样既有利于发扬业务部门间的"良性竞争"意识，又有利于规避一定的"恶性竞争"，强势的运营管理和考核产生高效的运作机制，公司规模扩张较快，销售额由 2007 年 20 亿元到 2017 年 260 亿元。

但是，这种管理模式的弊端同样存在，严格的制度管理，造成"人才流失""人才培养困难""创新能力低""市场应对能力弱"等一系列问题，这也造成了正商地产 90% 以上的业绩都在郑州周边，外地扩张困难。

三、振兴地产"冲突管理"的特点

（1）冲突存在方式。振兴地产是一家"半家族性"企业，也就是核心管理层、关键岗大多由"家族"成员担任，其冲突存在方式与正商地产完全相反。企业内部冲突大多通过沟通解决，内部"家族成员"有较高的熟悉度，一定程度上会提升内部沟通效率。但随着企业规模不断扩大，企业间、部门间的业务冲突不断增多，仅靠"沟通"解决冲突变得困难。

从形式上看，内部冲突主要集中在"人与人"之间的冲突。不管是"业务"问题还是"员工个性"问题，最终冲突都会聚焦在"人与人"之间的冲突上。因为制度的不规范，内部冲突只能由重要管理人员解决，这也就会因能力或性格问题，造成冲突长期得不到解决。

（2）主要的应对措施。振兴地产内部重大冲突的解决还是以"沟通"为主，小问题通过部门负责人或副总沟通，大问题通过"决策小组"或大股东解决。

随着企业发展，振兴地产也意识到了制度的重要性，不断地完善各项制度，并加强了考核和监管。

（3）简要评价。半家族式的管理，因"亲情"的存在，明面上关系相对较好，普通员工对企业认可度高。同时，无严苛的计划和考核，有冲突可以沟通解决，员工压力较小，工作环境相对"舒适"。员工行为受制度限定较少，其工作积极性高，适应能力和创新能力也较强。

但非制度的管理，会对企业扩张造成重大障碍，一方面，新的项目或新的环境无成熟的制度约束，要形成有效的运营机制较为困难，也就是说，企业规模会受到限制。另一方面，企业冲突聚焦于"人与人"之间的冲突，最终导致高层决裂，大量的内部"小利益团体"产生。冲突会不断激化，最终会影响企业的生存和发展。

四、两种模式之间的比较

正商地产和振兴地产两企业，一个以严格的制度管理为主，一个强调企业文化。其优缺点如下：

1. 严格的制度管理，会造成管理固定化、僵硬化。如果企业生存环境一直不变，此模式是最佳的冲突管理，但如果遇到外部环境的剧烈变化，会出现应对方案不足、员工离心等情况，造成经营困难。

2. 以企业文化管理为主，会造成规模扩张受限，无法做大做强，且随着内部冲突的不断激化，造成企业运营困难。

五、建议

1. 充分了解和分析企业所处的内部和外部环境，不同的环境和不同的发展阶段在应对"内部冲突"时应采用不同的策略。

2. 企业战略层应高度重视，正视冲突的不可避免，适当地引进"冲突"管理手段，将"冲突"引导成"良性"竞争。

3. 制度管理方面：企业的各项制度、流程应不断完善，但也应保持弹性和灵活性。

4. 企业文化建设方面：倡导和宣传"冲突"的优缺点，将冲突引导成"良性竞争"；加强团队建设，把整个企业当成一个团队，避免"小团体"的产生。

第八章　商务财务的管理

财务管理是商务管理的重要组成部分，它对确保企业的生存和稳定、改善经营管理、提高经济效益起着关键作用。在企业的发展过程中，无论是战略决策，还是筹资决策、投资决策、市场营销决策、人力资源管理决策等，几乎都与财务管理有关。本章重点介绍商务财务管理的基本知识以及筹资管理和投资管理等基本技能与基本方法。

第一节　商务财务管理的概述

一、财务与财务管理概述

（一）财务与财务管理的概念

财务，泛指财务活动和财务关系。财务活动指企业在生产过程中涉及资金的活动，表明财务的形式特征；财务关系指财务活动中企业和各方面的经济关系，揭示财务的内容本质。因此，概括说来，企业财务就是企业再生产过程中的资金运动，体现着企业和各方面的经济关系。财务管理是指在一定的整体目标下，关于资产的购置（投资），资本的融通（筹资）和经营中现金流量（营运资金）以及利润分配的管理。财务管理是基于企业再生产过程中客观存在的财务活动和财务关系而产生的。

1.财务活动

财务活动是指资金的筹集、投放、使用、收回及分配等一系列活动的总称。具体包括以下四个方面：

（1）筹资活动。筹资活动是指企业为了满足生产经营活动的需要，从一定的渠道，采用特定的方式，筹措和集中所需资金的过程，这是资金运动的起点。在筹资过程中，企业一方面要确定筹资的总规模，以保证其投资所需要的资金；另一方面，要通过筹资渠道、筹资方式或工具的选择，合理确定筹资结构，以降低筹资成本和筹资风险。

（2）投资活动。投资活动是指企业把筹集到的资金合理投放于企业内部及外部的过程。企业投资可分为内部投资和外部投资两种。内部投资主要是企业用筹集的资金购置内部所需的固定资产、流动资产、无形资产等；外部投资是指企业用筹集的资金购买各种证券或与其他组织联营等投资。

（3）资金营运活动。资金营运活动指组织在正常的经营过程中发生的一系列资金收支活动（如企业采购材料、支付工资和其他营业费用、销售产品收回资金等收支活动）。

（4）分配资金活动。分配资金活动是指企业取得的营业收入补偿营业成本和期间费用、缴纳税金、剩余收益在投资者及再投资者之间进行分配等活动。企业的利润必须按规定的顺序进行分配。

上述财务活动的四个方面是相互联系、相互依存的，它们构成了企业的完整财务活动。

（三）财务关系

组织财务关系是指企业在财务活动过程中与有关各方面所发生的经济利益关系。企业的财务关系可概括为以下几个方面：

（1）企业与政府之间的财务关系。这主要是指企业必须按税法规定缴纳各种税款，这就形成了企业与政府之间的财务关系。这种关系体现为一种强制的和无偿的分配关系。

（2）企业与投资者之间的财务关系。这主要是指企业的投资者向企业投入资金，企业向其投资者支付投资报酬所形成的财务关系。企业的投资者主要包括国家、法人和个人。企业与投资者双方必须按照合同、章程规定履行权利和义务。

（3）企业与债权人的财务关系。这主要是指企业向债权人借入资金，并按借款合同的规定按时支付利息和归还本金所形成的经济关系。企业的债权人主要有本企业发行的公司债券的持有人、贷款机构、商业信用提供者、其他出借资金给企业的单位和个人。企业与债权人的财务关系属于债务与债权的关系。

（4）企业与受资者的财务关系。这主要是指企业以购买股票或直接投资的形式向其他企业投资所形成的经济关系。企业按约定履行出资义务，并依据出资份额参与受资者的经营管理和利润分配，从而体现出所有权性质的投资与受资的关系。

（5）企业与债务人之间的财务关系。这主要是指企业将其资金以购买债券、提借款或商业信用等形式出借给其他单位所形成的经济关系。企业出资后，有权要求其债务人按合同约定条款还本付息，这体现出债权与债务的关系。

（6）企业与内部各单位之间的财务关系。这主要是指企业内部各单位之间在生产经营各环节中相互提供产品或劳务所形成的经济关系。在实行企业内部经济核算制和企业内部经营责任制的条件下，企业供、产、销各个部门以及各个生产单位之间，相互提供产品和劳务也要计价结算。这种在企业内部形成的资金结算关系，体现了企业内部各单位之间的利益关系。

（7）企业与职工之间的财务关系。这主要是指企业向职工支付劳动报酬过程中所形成的经济关系。企业用其收入向职工支付工资、津贴和奖金等，这种企业与职工之间的结算关系，体现着按劳分配关系。

二、财务管理的目标和内容

（一）财务管理的目标

财务管理目标是指企业进行财务活动所要达到的目的，它决定着企业财务管理的基本方向。根据现代化企业财务管理理论和实践，最具有代表性的财务管理目标主要有以下几种：

（1）利润最大化。利润最大化目标是以企业在预定时间内实现最大利润作为财务管理的最终目的。以此作为财务管理的目标有合理的一面，即有利于企业经济效益的提高。但在实践中存在以下问题：①未考虑资金的时间价值，即资金从投入到实现利润的时间价值；②没有反映创造的利润与投入资本之间的关系；③没有考虑风险因素，因为高额利润往往要承担过大的风险；④片面追求利润最大化可能导致企业短期行为。

（2）资本利润率最大化或每股利润最大化。资本利润率是净利润与资本的比值，每股利润是净利润与普通股股数的比值。资本利润最大化虽然考虑了创造的利润与投入资本之间的关系，但仍然没有考虑时间价值和风险因素，也不能避免企业的短期行为。

（3）企业价值最大化或股东财富最大化。企业价值最大化是指通过企业的合理经营，使企业的价值达到最大。企业价值不是账面资产的总价值，而是企业全部财产的市场价值，它反映了企业潜在或预期的获利能力。这一目标具有以下优点：①考虑了资金的时间价值和风险因素；②反映了对企业资产保值增值的要求；③有利于克服管理上的片面性和短期行为；④有利于社会资源的合理配置。企业价值最大化目标，不仅反映了财务管理的目标，还反映了整个社会的经济利益，因此成为现代财务管理的最优目标。

（二）企业财务管理的内容

财务管理的对象是企业的资金及其流转，财务管理的内容也就是企业资金运动的内容。企业要从事生产经营活动，首先要筹集一定数量的资金，用来进行产品生产，生产过程中的资金耗费，构成生产费用和成本管理；产品出售，收回货币资金，构成资金管理；企业将产品销售收入抵补生产费用和缴纳税金后所获得的利润，构成利润管理。企业经营活动如此循环下去，形成企业资金的循环和周转。因此，财务管理的内容反映了企业资金的运动及循环过程，包括筹资管理、投资管理、资金回收与分配资金管理等内容。

（1）筹资管理。筹资是企业资金运动的起点，也是企业进行生产经营活动的前提。筹资管理需解决的主要问题有：①确定筹资总额，以保证投资所需的资金；②选择合适的筹资渠道和筹资方式，确定合理的筹资结构，从而降低资金成本和筹资风险。

（2）投资管理。投资管理就是企业对资金投入和使用的管理，也可以说是用资管理。企业筹集资金的直接原因是为了投资。企业投资可分为对内投资和对外投资。企业的对内投资是对企业内部投放资金，主要投放于流动资产、固定资产、无形资产和递延资产等；企业的对外投资是对企业外部其他单位投放资金，出资方式包括现金、实物、无形资产或购买有价证券等。投资管理的关键是：①确定合适的投资规模，以保证获得最佳的投资效益；②选择合适的投资方向和投资方式，确定合理的投资结构，提高投资效益，降低投资风险。

（3）资金的回收与分配管理。当企业完成生产和销售过程后，必然会取得各种收入。企业的收入首先用以弥补生产耗费，缴纳流转税，剩余部分为营业利润。营业利润、对外投资净收益以及其他净收入构成利润总额。利润总额先按国家规定缴纳所得税，然后提取公积金和公益金。公积金用于扩大积累和弥补亏损，公益金用于职工集体福利设施。其余利润将作为投资收益分配给投资者。企业必须在国家分配政策的指导下，合理确定分配的规模和分配的方式，使企业的长期利益最大，促使企业再生产和经营活动健康发展。

三、财务管理的原则

财务管理原则是企业从事财务活动、处理财务关系必须遵循的准则。它是企业理财活动的行为规范，体现了企业理财活动的内在要求。企业财务管理应坚持以下原则：

（1）权益价值最大化原则。企业必须遵循资金运动规律，通过一系列方法对资金运动进行科学的统筹安排，努力使企业资产得以高效运行，实现所有者权益价值的最大化。

（2）盈利风险均衡原则。风险是指在特定条件下和特定时间内，那些未来可能发生的实际结果与目前预测结果之间的差异。在市场经济条件下，企业理财面临着许多不确定因素，企业要获得更大利益，往往需要承担更大的风险。企业在经营活动中，必须掌握各种财务信息，认真分析各种不确定因素，兼顾和权衡盈利与风险两个方面，做出正确的、有利的决策，做到趋利避险。

（3）资金配置合理原则。企业的资源是有限的，企业理财必须正确处理现时营运需要与未来发展需要的关系。要正确设定理财目标，合理配置资金，使资金结构比例关系最优化。

（4）收支平衡原则。所谓收支平衡，是指在理财活动中不仅要保持各项资金存量的平衡，协调各种资金流量的平衡，而且要利用资金增量来盘活资金存量，促进资金的积极平衡。在资金运动中，资金循环是从资金支出开始到资金收入终结的。收支平衡，资金循环与周转才能正常进行。因此，搞好收支平衡是企业资金运动正常进行的保证。

（5）成本效益原则。以较少的成本支出获得最大的经济效益，这是企业经营的目标。企业在生产经营过程中，必须进行成本效益分析，在规避风险的情况下，努力提高资金的使用效率，运用科学的理财方法巧妙地运作资金，以达到最佳的资金使用效果。

（6）利益关系协调原则。企业不仅要管理好财务活动，而且要处理好财务活动所体现的财务关系，诸如企业与国家、所有者、债权人、债务人以及职工等的财务关系，这些关系从根本上讲都是经济利益关系。企业只有维护好各方面的合法权益，合理公平地分配收益，才能营造一个良好的经营环境，企业才能持续、稳定、健康地向前发展。

四、财务管理的环节

财务管理的环节是指财务管理的工作步骤与一般程序。财务管理一般由财务预测、财务决策与计划、财务控制、财务分析等环节组成。

（一）财务预测

财务预测是根据财务活动的历史资料，考虑现实的要求和条件，对企业未来的财务活动和财务成果做出科学的预计和测算。财务预测的主要任务是为企业财务决策提供可靠的依据。财务预测的程序是：

（1）确定预测的目标；

（2）收集预测所需的资料；

（3）确定预测的方法；

（4）确定预测的结果。

（二）财务决策与计划

财务决策是指在财务预测的基础上，对提出的各种可行方案进行分析与评价，从而选择出最优方案的过程。

财务计划是指运用科学的技术手段和数学方法，对财务目标进行具体的规划。财务计划是财务预测和财务决策的具体化，是财务控制的依据。财务计划主要包括资金筹集计划、固定资产投资和折旧计划、流动资金占用和周转计划、对外投资计划、收入和利润分配计划等。

（三）财务控制

财务控制是指在企业生产经营过程中，依据财务计划任务和各项定额为依据，对资金的收入、支出、占用耗费等进行监督和检查，以确保财务计划指标的实现。财务控制一般要经过以下步骤：

（1）制定控制标准，分解落实责任；

（2）实施追踪控制，及时调整偏差；

（3）分析执行情况，做好考核奖惩。

（四）财务分析

财务分析是以核算资料为基础，运用特定的方法，对企业财务活动过程及其结果进行分析和研究，评价计划完成情况，分析影响完成计划的有关因素，并提出改进措施。财务分析的一般程序是：

（1）通过对比，找出差异；

（2）分析差异原因，抓住关键；

（3）提出措施，改进工作。

五、财务管理的组织

要实现财务管理目标，就必须有效地组织财务管理工作。财务管理组织主要是指设立财务管理机构，制定财务管理制度等。

（一）财务管理机构

财务管理机构是有效开展财务活动，实现财务目标的重要条件。目前我国组织财务管理机构的组织形式主要有两种：

（1）财务、会计合并设置的财务管理机构。这种机构的特点是将财务管理与会计管理合二为一，同时具备财务管理和会计核算管理两种职能。

（2）财务、会计分别设置的财务管理机构。这种机构的特点是实行财务管理职能与会计核算管理职能分离。财务部门主管财务管理工作，会计部门主管会计核算工作。

（二）财务管理制度

财务管理制度，是规范企业的财务行为，协调企业与各方面财务关系的制度。我国企业财务管理的制度体系主要有三个层次。

（1）企业财务通则。企业财务通则是整个财务制度体系的最高层次，是企业进行财务活动必须遵循的基本原则和规范。

（2）行业财务制度。行业财务制度是在财务通则的基础上，根据各行业的特点和管理要求制定的适用于不同行业的财务制度。目前财政部已制定了工业、运输、邮电通信、农业、商品流通、金融保险、旅游和饮食服务、施工和房地产开发、电影和新闻出版、对外经济合作等十个行业的财务制度。

（3）企业内部财务管理办法。企业根据内部财务管理的需要，按照财务通则和行业财务制度的规定，制定企业内部财务管理办法。例如，内部控制、内部结算、存货、费用、利润、对外投资等方面的管理制度。

第二节 商务筹资的管理

一、商务筹资管理概述

（一）筹资的概念

筹资是指企业根据其生产经营、对外投资及调整资金结构等需要，通过一定的筹资渠道和筹资方式，筹措和获取所需资金的一种行为。

（二）筹资的目的

筹资的基本目的是满足正常的生产经营需要，主要表现在以下几个方面：

（1）满足企业初期建厂或扩展规模的需要；

（2）满足生产经营过程中资金周转的需要；

（3）满足资金结构调整的需要。

（三）筹资的要求

筹资的基本要求是讲求资金筹集的综合经济效益。具体要求如下：

（1）合理确定资金需求量，将资金筹集和投放相结合；

（2）认真选择筹资渠道和方式，力求降低资金成本；

（3）妥善安排资金结构，适当运用负债经营；

（4）遵守国家的有关法律法规和规章制度，维护各方经济利益。

二、筹资的渠道与方式

（一）筹资渠道

筹资渠道是指企业筹集资金来源的方向与通道。目前，我国企业筹集资金的渠道主要有：

（1）国家财政资金。国家财政资金是指国家以财政拨款财政贷款国有资产入股等形式向企业投入的资金。国家对企业的直接投资是国有企业最主要的资金来源渠道；

（2）银行信贷资金。银行信贷资金指企业通过向专业银行报批立项的基本建设投资贷款、流动资金贷款以及其他形式的贷款取得的资金；

（3）非银行金融机构资金。非银行金融机构资金指通过向各种信用机构、投资公司、租赁公司、保险公司等取得的短期贷款或借款；

（4）其他企业或单位资金。其他企业或单位资金指与其他企业联合经营、联合投资获得的资金；

（5）职工和民间资金。职工和民间资金指企业向内部职工或向社会投资者直接集资的融资行为；

（6）企业自留资金。企业自留资金指企业留用利润建立的生产发展资金、新产品试制基金和设备基金等；

（7）国外资金。国外资金指企业通过各种途径从国外取得的资金。

（二）筹资方式

筹资方式是指企业筹措资金所采取的具体形式。目前我国企业的筹资方式主要有下列几种：

（1）吸收直接投资。吸收直接投资指企业以协议方式吸收国家、其他企业、个人和外商等直接投入资金，形成企业资本金的筹资方式。

（2）发行股票。发行股票指企业通过金融机构批准，发行各种股票从社会获得资金的筹资方式。

（3）利用企业留存收益。利用企业留存收益指将企业自身留用的利润获得的收益作为发展资金。

（4）向银行借款。向银行借款指企业根据借款合同从有关银行或非银行金融机构借入所需的还本付息的款项。

（5）利用商业信用。利用商业信用指企业在商品交易活动中通过延期付款或预收货款获得的借贷资金。

（6）发行公司债券。发行公司债券指公司发行的用以记载和反映债权债务关系的有价证券。

（7）融资租赁。融资租赁指公司向出租人按期支付租金作为报酬的融资经济行为。

筹资渠道解决的是资金的来源问题，筹资方式则解决通过何种方式取得资金的问题。一定的筹资方式可能只适用于某一特定的渠道，但是同一渠道的资金往往可采用不同的方式去取得。在上述的七种筹资方式中，前三种方式筹集的资金为权益资金；后四种方式筹集的资金为负债资金。

三、资金需求量预测

资金需求量预测的常用方法主要有定性预测法和定量预测法两类。

（一）定性预测法

定性预测法是指依靠预测者个人的经验、主观分析和判断能力，对未来时期资金的需求量进行估计和推算的方法。这种方法通常采用召开专业人员座谈会和专家论证会等形式进行。该方法通常在缺乏完备、准确的历史资料下采用，它不能揭示资金需要量与相关因素的关系，预测结果的准确性较差，一般只作为预测的辅助方法。

（二）定量预测法

定量预测法是以历史资料为依据，采用数学模型对未来的资金需求量进行预测的方法。这种方法能揭示资金需求量与相关因素之间的数量关系。应用这种方法需要有完整的历史资料，预测结果较准确，常用的定量预测法有销售百分比法和线性回归分析法。

（1）销售百分比法。销售百分比法是根据资产负债表中各项与销售收入总额之间的依存关系，按照计划期销售收入的增长情况来预测资金需求量的一种方法。应用这一方法的前提是假设资产负债表中各相关项目与销售收入的比值已知且固定不变。

（2）线性回归分析法。线性回归分析法是根据企业一定期间产销量与资金占用总额的历史资料，运用回归线性方程预测计划期资金需要量的一种方法。

四、资金成本与资金结构优化

（一）资金成本的概念

资金成本是指企业为筹集和使用资金而付出的代价，主要包括资金筹集费用和资金占用费用两部分。资金筹集费用是指企业在筹措资金过程中为获取资金而支付的费用，例如向银行借款支付的手续费、发行股票债券而支付的发行费用等；资金占用费是指企业在生产经营、投资过程中因使用资金而支付的费用，例如向股东支付的股利、向债权人支付的利息等。

资金成本是企业选择筹资渠道和筹资方式的重要依据，也是企业评价投资项目可行性的主要经济标准。资金成本对企业财务决策具有决定性的影响。

（二）资金成本的计算

资金成本通常以相对数，即资金成本率来表示。资金成本是企业资金占用费用与筹集资金的净额的比值。其计算公式为：

资金成本率 = 年资金占用费用 /（筹资总额－筹资费用）×100%

也可表示为：

资金成本率 = 年资金占用费用 / 筹资总额 ×（1－筹资费用率）×100%

在不同的筹资方式下，其资金成本的内容不同，因此应分项计算各种筹资方式的资金成本率。

（三）加权平均资金成本

企业从不同渠道取得的资金，其筹资成本是不一样的，因此需要计算综合资金成本。由于这种综合资金成本是以各种资金所占的比重为权数计算的，故称为加权平均资金成本。其计算公式为：

加权平均资金成本率 =∑（某种资金来源占全部资金的比重 × 某种资金来源的资金成本率）

（四）资金结构的优化

资金结构是指在企业的全部资金中各种资金来源的构成比例。不同的资金结构会给企业带来不同的资金成本和风险，企业在筹资时必须认真研究并合理确定资金结构，这是企业筹资决策的核心问题。

资金结构优化，就是选择能使企业加权平均资金成本最低的资金结构。在实际工作中选择最优的资金结构是比较困难的，因此只能在各个可行方案中选择加权平均资金成本最低的方案为最优方案。

资金结构优化是财务决策中一项比较复杂的内容。企业进行资金结构决策时，要权衡利弊，综合考虑，最终选择出合理的筹资方案。

第三节　商务投资的管理

一、投资管理概述

（一）企业投资的概念

企业投资是指企业为获取收益而向一定对象投放资金的经济行为。正确的投资决策可以提高企业经济效益，增强企业活力，对企业生存和发展具有十分重要的作用。

（二）企业投资的分类

企业投资可以从不同的角度进行分类，主要分类方法有：

（1）按投资时间的长短，企业投资可分为短期投资和长期投资。

短期投资一般是指在一年以内能够并且准备回收的投资，例如对现金、应收账款、存货、短期有价证券等投资。

长期投资是指一年以上才能收回的投资，例如对厂房、机器设备、无形资产、长期有价证券等投资。由于长期投资中固定资产投资所占的比重较大，故长期投资有时专指固定的资产投资。

（2）按投资企业与生产经营的关系，企业投资可分为直接投资和间接投资。

直接投资是将资金直接投放到生产经营性资产上以获取直接经营性利润，在非金融类企业中，直接投资占总投资的比重较大。

间接投资是指企业把资金投放于证券等金融性资产上，以便取得股息或利息收入的投资。

（3）按投资范围，企业投资可分为对内投资和对外投资。

对内投资是指企业把资金投放于企业内部，形成或购置生产经营资产的投资。对外投资是指企业以现金、实物、无形资产等方式或者以购买股票、债券等有价证券方式向其他企业进行的投资。

对内投资都是直接投资，对外投资主要是间接投资，也有直接投资。

（4）按投资内容的不同，企业投资可分为项目投资、证券投资和其他投资。

项目投资是指以特定项目为对象，直接与新建项目或更新改造项目有关的长期投资行为。证券投资是指企业购买股票、债券等金融性资产，以期获取收益或其他权益的投资行为。其他投资是指建设单位发生的构成投资完成额并单独形成交付使用财产的各项其他投资支出。

（三）企业投资的目的

总的来说企业投资的目的就是为了提高企业的价值，获取投资收益。具体体现在以下几个方面：

（1）提高企业收益。投资是企业增加利润的必要手段。

（2）降低企业经营风险。企业的对内和对外投资使企业资产分散化，投资多样化，经营多角化，从而降低企业风险。

（3）加快企业发展的速度。企业通过并购实现快速扩张，且投入少，见效快。

（四）企业投资管理的程序

企业投资管理程序通常包括以下几个步骤：

（1）投资方案的提出。大型的投资步骤一般由生产、市场、财务、基建等方面专家组成的专门小组提出方案。小型投资方案可由企业主管部门企业人员拟定。

（2）投资方案的评价。投资方案的评价，一般由财务经理同有关部门进行，主要包括以下内容：①审核投资方案是否符合生产经营的需要；②确认投资项目的经济可行性；③分析评价投资风险及其防范措施；④给出投资评价报告。

（3）投资方案的决策。投资方案评价后，企业领导者做最后决策。投资额较小的项目，中层经理就有决策权；投资额较大的项目一般由总经理决策，投资额特大的项目要由董事会甚至股东大会进行投票表决。

（4）投资方案的执行。投资方案决策后，要按计划筹措资金，实施投资。在投资项目的执行中要对工程进度、工程质量、施工成本进行严格控制，以确保投资按预算规定按时按质完成。

（5）投资方案的再评价。投资方案在执行的过程中一旦出现新的情况，应及时根据变化的情况做出新的评价。若遇到不完善的地方，应及时提出修改意见，做出补救措施。已不适用的方案应停止执行，以避免造成更大的损失。

二、投资方案的审核与评价

为确保投资方案的可行性和获得较高的投资收益，投资企业必须依据科学的方法，对投资方案或投资项目进行审核与评价。投资方案的审核，是指投资者对投资方案实施前所进行的一系列考察、预测和分析活动。任何一项投资方案必须经过企业财务部门事先审核，并报企业领导批准后方可实施。

投资方案的审核与评价需考虑多方面的因素。例如，国家的产业政策、市场发展前景、技术的先进程度、企业效益和社会效益以及资金的支持情况等，但最终体现在财务评价上。而项目投资财务决策评价的基本前提和主要依据是资金的时间价值及投资项目产生的现金流量。

（一）资金的时间价值概述

资金的时间价值是指资金作为资产的货币形式，在扩大再生产及其循环周转过程中，随着时间的推移而产生的资金增值或经济效益，即一定量的资金在不同的时点上有不同的经济价值特性。具体体现在资金的利息和资金的纯收益两个方面。例如，今天的 1 元钱和将来的 1 元钱是不等值的，前者要比后者的价值大。如将 100 元存入银行，存款年利率为 10%，一年后本息为 110 元，这 10 元的增值为资金的时间价值。它是由于资金的所有者让渡资金的使用权，使资金投入周转使用产生的。

表现资金在不同时间的价值指标有终值和现值。终值就是资金将来的价值，指一定量的资金在未来某一时点上的价值，包括本金和利息。现值是指未来某一时点上将一定量的资金折算为现在的价值。资金的时间价值通常以单利和复利计算。

（二）现金流量概述

投资方案评价的首要环节是估算投资项目预期的现金流量。现金流量是指投资项目在其计算期内各个时点发生的现金流入量和现金流出量的总称。它包括现金流出量、现金流入量和现金净流量。

（1）现金流出量。投资方案的现金流出量是指该方案引起的企业现金支出的增加额。主要包括建设投资、流动资金投资和其他现金流出。

（2）现金流入量。投资方案的现金流入量是指该方案引起的企业现金收入的增加额，包括营业现金流入、回收的固定资产残值、回收的流动资金、其他现金收入。

（3）现金净流量。投资方案的现金净流量是指该方案项目在计算期内每年现金流入量与同年现金流出量的差额。在实际工作中，一般根据投资项目计算期不同时点上的现金流入量和现金流出量的具体内容，直接计算各个时点上的现金净流量，可采用编制现金流量表的形式计算，也可以采用简化计算公式计算。具体如下：

建设期某年的净现金流量 = 该年发生的原始投资额

经营期某年净现金流量 = 该年净利润 + 该年折旧 + 该年回收净残值

建设期内净现金流量一般为负值，经营期内净现金流量一般为正值。

（三）投资项目的评价方法

对投资项目的经济效益的评价，需利用一定的分析指标进行判断。根据指标是否考虑资金时间价值，可分为折现指标和非折现指标。常用的折现指标有净现值、现值指标、内含报酬率，常用的非折现指标有静态投资回收期、投资利润率。

三、证券投资管理

（一）证券投资的概念和种类

证券投资是指企业把暂时或长期不准备用于项目投资的货币资金用于购买股票、债券等金融性资产，以期获取收益或其他收益的投资行为。

证券投资的种类直接取决于有价证券的种类。根据证券投资的对象，可将证券投资分为债券投资、股票投资和组合投资三类。

（1）债券投资。债券投资是指企业将资金投向各种债券，例如购买国库券、公司债券和短期融资券等。债券投资属于债权投资，投资风险较低，能够获得稳定收益。

（2）股票投资。股票投资是指企业通过购买股票或股份的方式对外投资。股票投资属于权益性投资。企业投资于股票，尤其是普通股，要承担较大风险，但通常情况下收益也较高。

（3）组合投资。组合投资也叫证券投资组合，是指企业将资金同时投资于多种证券。例如，购买国库券、企业债券、企业股票等。组合投资可以有效地分散证券投资风险。

（二）证券投资的目的

企业进行证券投资的目的主要有以下几个方面：

（1）充分利用闲置资金，获取投资收益；

（2）调剂资金余缺，预防财务风险；

（3）通过长期证券投资，积累资金，获取长远经济利益；

（4）获得对相关企业的控制权。

（三）证券投资风险

进行证券投资，必然要承担一定的风险。只有在对证券投资的风险和收益率进行综合分析后才能做出决策。证券投资风险主要来源于以下几个方面：

（1）违约风险。它是指证券发行人无法按期支付利息或偿还本金的风险。

（2）利息率风险。它是指由于利息率的变动而引起证券价格波动导致投资者遭受损失的风险。一般来说，银行利率上升，则证券价格下跌；反之，则证券价格上升。

（3）购买力风险。它是指由于通货膨胀而使证券到期或出售时所获得的货币资金的购买力降低的风险。一般来说，普通股票被认为比公司债券和其他有固定收益的证券能更好地避免购买力风险。

（4）流动性风险。它是指投资者想出售有价证券来获取现金时，证券不能以合理价格立即出售的风险。一般来说，国库券比企业债券的流动性风险小。

（5）期限性风险。它是指由于证券期限长而给投资者带来的风险。一项投资期限越长，投资者面临的不确定性因素就越多，承担的风险也就越大。

第四节　企业集团财务集中管理模式应用探讨——基于"中纺院"的案例分析

中国纺织科学研究院（以下简称"中纺院"）成立于 1956 年，1999 年转制为中央直属大型科技企业，2009 年经国务院批准重组并入中国通用技术集团公司，是纺织行业最大的综合性研发机构和实力较强的高新技术产业集团。经多年发展培育，"中纺院"逐渐形成了以院、企两级研发体系为核心，化纤纺织装备制造与工程服务、纺织新材料、纺织化工与生物技术三大板块及纺织检测等其他业务为主业的业务模式。近年来，随着企业规模发展和数量增多，业务构成较以前更为复杂，资金占用和融资需求逐步加大，经营风险和财务风险也随之增加，传统、分散的财务管控模式难以支撑其稳健经营和快速发展的需要。

同时，随着国资委和通用技术集团公司近年来对财务管理工作提出加大财务管控力度、提升财务核算及管理水平的新要求，"中纺院"对此开展了积极探索，从资金集中管理、会计集中核算、财会信息化、财务负责人委派等工作入手，促进财务管控能力的持续提升，并取得了明显成效。

一、"中纺院"财务集中管理现状分析

（一）现行财务集中管理模式的主要特点

1. 实行财务负责人委派制度

大型企业集团往往由多个子公司、分公司构成，组织形式复杂，要想实现财务集中管理，首先要控制负责具体业务实施的财务人员。"中纺院"自2006年起推行了下属公司财务负责人委派制，明确财务负责人作为院方代表，应参与企业日常经营活动，协助企业负责人制定更为科学、合理的经营决策，减少经营风险和财务风险；代表"中纺院"对所派驻企业实施财务监督和控制，及时防范、有力约束、有效消除企业相关人员实施有损院方利益的不良行为。企业财务负责人同时接受"中纺院"以及派驻企业的双重领导，其选拔、聘任等必须经过"中纺院"的批准。同时，赋予院属子公司在普通财务人员招录、培养和调配上一定的权力。

自2011年起，为保证全系统财务队伍的职业素质，本着"规范操作、统筹安排、择优录用"的原则，院属各级公司财务人员的招聘工作改由"中纺院"人力资源部和财务部统一组织实施，根据招聘结果和院属公司需求统筹分配使用。院属各级子公司内部普通财务人员的培养、调配仍交由子公司处理。

2. 统一会计核算和内部协同操作规则

"中纺院"以财政部2006年颁布的《企业会计准则》为指导，于2007年制定并下发了《中国纺织科学研究院会计核算办法》，统一了会计科目代码体系（一级代码）、业务处理规范及会计核算要求。子公司可在"中纺院"总体的财务核算规则范围内，自主独立核算，并根据其自身业务特点细化或实施个性化的会计处理。统一会计核算规则后，全院会计政策规范一致，为准确形成合并报表打下了良好的基础。

2011年"中纺院"进一步推动会计集中核算，强制全院各级公司纳入统一的会计核算平台，并强化了以下几方面的工作：第一，统一会计科目代码体系，大部分会计科目由院里统一控制到二级，并根据转制科研院所的业务特点、经营特色和便捷、规范操作的需要，对部分共性的费用、研发支出等科目的控制延续到了末级。院属二级核算单位可按照业务核算的需要，自主扩充下级科目，从而在根本上解决了会计信息不同步、不可比、难以汇总的问题。第二，统一固定资产编码体系、人员信息体系、客商编码体系的原则，使会计数据在横向、纵向的各个口径、渠道都能实现自由合并和分拆。第三，启用内部往来协同模块，由"中纺院"总部制定统一的协同业务处理流程及协同规则，进行协同凭证设置。在内部往来业务发生时，首先由发起方（原则上为债权方）发起，其次由接收方进行协同确认，双方直接按定义的协同业务模板自动生成双方的协同凭证。如有一方不通过系统或协同金额双方不一致，将影响月末结账。通过往来协同，解决了内部往来管理长期混乱、入账时间不一致的问题，有效加强了"中纺院"对内部往来业务的协同管控。第四，统一部分科目辅助项核算的要求，损益类科目及内部往来科目均强行设置客商辅助核算，做到有效支持精细化核算和管控的要求。

3. 搭建财务集中信息化平台

2011年初，"中纺院"借助用友NC软件构筑了财务集中信息化平台，各级公司的总账、薪资、固定资产模块全部纳入集中管理，部分公司还启用了供应链、应收应付、存货管理模块。通过在"中纺院"院部设立总服务器（由院部进行统一维护与管理），各级公司的财务数据采用局域网、内部网等方式与总服务器连接、存储，从而实现数据实时、准确地传递，形成了"数据集中、数据共享、政策统一"的信息化处理平台。"中纺院"总部可对各级企业财务状况进行实时查询、动态监控及数据分析，从而提高了会计核算质量，提升了财务基础工作水平。

同时，在整个"中纺院"系统构建了集中管理的网上报表报送体系，规范了财务报告的编报流程。对内对外全部报表均纳入报表体系，通过网络录入、审核和报送。在报表数据的来源上，基本上全部定义了取数公式，对一些特殊事项允许公司自己设置公式，定义功能方便、灵活，通过采取自动取数、公式定义、数据校验等手段，有利于最大限度减少数据二次录入出现差错，提高报表数据的准确性和一致性。采用此报表系统后，报表数据实现了直接从总账、现金流等模块取数，满足了不同业务需求的内部管理需要，对外报送的报表也保证了口径统一。同时，通过与账务系统衔接，解决了会计信息失真问题，使得报表编制更加快捷，提高了会计信息披露的及时性，实现了报表的动态多维度穿透式查询、及时分析与监控，使"中纺院"总部能够充分了解下属单位的财务状况和经营成果，发现异常信息，及时采取有效措施控制经营风险与财务风险。

4. 推进资金集中管理

多年来，"中纺院"院属单位大量的收付款操作占用了财务管理的资源，粗放的收付款管理行为影响了营运资金的运转，存贷双高的问题突出。

"中纺院"2007年起开始尝试与银行合作建立财务结算中心，推行资金集中管理，设立资金池，并以"中纺院"名义设立总账户，各子公司再分别设立分账户。通过收支两条线的业务规则约束，资金池实现了将子公司收入户资金上存到总账户，并通过核对资金计划，严控子公司资金使用。几年来，"中纺院"资金集中平稳运营，通过资金归集，内部调剂减轻了下属子企业的外部贷款压力，全院外部借款从 2009 年的 2 957 万元，减少至 2014 年 6 月的 262 万元。同时对闲置资金也分别做了通知存款和定期存款，活期存款月均占比不足 10%，资金运作收益大幅提升。

通过推进资金集中管理，减少了资金分散持有量，提升了与银行等金融机构在相关业务上的议价、谈判能力，促使银行在服务方式、服务质量和综合授信资源安排上朝着有利于"中纺院"利益最大化的方向发展，综合授信指标逐年提升，完全能够满足院本部及院属各级子公司的使用需求。2012 年，"中纺院"通过进一步梳理院属公司的账户情况，增设了通用技术集团财务公司归集线，避免资金过于分散，进一步提升资金集中水平尤其是在集团财务公司的归集度。

目前，"中纺院"资金池除全面负责院部收付款管理外，还负责"中纺院"的资金集中管理以及综合授信的统一申请、调配、使用，逐步形成了"统一融资授信，统一资金运作，统一账户管理，统一资金监管、统一担保审批"的运行机制。资金集中管理成为"中纺院"内部联系各个企业、调配资源的重要手段和工具，降低了"中纺院"的流动性成本，有利于管控整体负债风险，创造了较为显著的经济效益。

5. 完善全面预算管理与绩效评价

"中纺院"已经设立预算管理委员会，负责全面预算管理与绩效评价工作。组织审查、平衡各子公司预算和汇总编制全院预算，并将预算批复下达给各子公司，为院总部与院属公司签订经营责任书和实施绩效评价提供数据支持，督促指导院属公司经营活动和预算执行工作。

基于"自上而下，自下而上"相结合的预算编制机制，按照三年滚动发展规划，由院总部提出年度预算编制意见指导书，将各项指标分解下达给各子公司。各子公司根据"中纺院"下达的指标和本单位具体情况编制年度预算，上报"中纺院"审批。

预算内容涵盖了经营、资本支出、资金与财务预算，与业务管理充分相融合，实现了全员参与，责任层层分解。每月各归口管理部门及院属企业按各自职责对预算执行情况进行监督、跟踪、反馈。通过事前或事中对各类业务所耗费资源、预计实现目标与预算对比，优化、调整业务的资源配置，确保完成预算目标。同时绩效评价贯穿于预算的编制、审核、执行、监控、分析和调整全过程，并与薪酬、奖惩挂钩，真正发挥了预算管理的权威性和对经营活动的指导作用。

（二）目前财务集中管理工作存在的不足之处

如上所述，借助实行财务负责人委派制度、统一会计核算和内部协同操作规则、搭建财务集中信息化平台、推进资金集中管理、完善全面预算管理与绩效评价等手段，"中纺院"近年来在财务集中核算及管理方面取得了较好的成绩，创造了显著的经济效益。但由于管理层级较多、经营地点分散、产业板块发展不平衡、财务人员素质高低不匀、财务基础工作不够扎实等原因，导致"中纺院"现行财务集中管理工作依然存在以下不足之处：

首先，由于"中纺院"管理层级较多，院属公司普遍规模较小，各个业务板块发展不均衡，除相对比较集中并靠近院总部的京、津、冀地区以外，尚有部分企业散布在浙江绍兴、广东深圳和东莞等地。根据规定，企业无论规模大小，均需按照岗位不相容的原则，至少按最低限额配足财务人员，造成财务人力、物力等内部资源在院属各公司的配置上不够科学合理，工作强度不均，整体工作效率偏低。

其次，受转制科研院所多年来在科研工作鼓励自由探索、管理不够规范、管控意识不强、市场化程度偏低等因素的影响，目前在"中纺院"体系内还存在对院属公司约束力不强、子公司执行力不够的问题，院总部目前仅实现了对二级公司的有限管控，约束力并未完全贯穿至三级及三级以下的公司，或者是执行效果并不理想，因此整体财务基础工作仍较薄弱，财务监督职能发挥不足。

最后，虽然"中纺院"在业务上存在院、企两级研发体系和化纤纺织装备制造与工程服务、纺织新材料、纺织化工与生物技术三大板块，以及纺织检测等其他业务为主业的多元化经营业务模式，各个业务板块之间存在一定的业务差异性，但就财务工作而言，无论各板块具体业务呈现多大的个性化差异，其低层财务核算处理基础和业务规划应该是相通的，但目前由于过度重视业务差异性，导致全院体系内缺乏统一的财务管理制度体系与业务流程操作规范，这影响了全院整体财务工作的标准化、规范化和一体化水平。

三、结论

在企业集团推行财务集中管理，有利于保证集团内部财务目标协调一致，大大减少内部各成员单位的"内部人控制现象"，重树企业集团在财务领域的"整体利益观"，实现整体利益的最大化。同时，通过财务集中管理的优化调整及模式创新，有利于企业集团集中进行战略方向调整。

随着成员企业市场多元化、经营复杂化的发展，未来业务发展将对财务集中管理的服务支撑水平不断提出新要求，企业集团需要秉承"人员管控为基石，资金集中为核心，多元化管理为手段，信息化技术为支撑"的原则，不断调整财务管理策略，深化管控的力度。

第九章　商务管理发展的三大趋势

20 世纪是管理理论和管理实践飞跃发展的世纪。管理理论从无到有，从片面到全面，从经验到科学，从重物到重人，从硬管理到软管理，经历了巨大而深刻的变化，为 20 世纪世界经济发展做出了卓越的贡献。因此，有人形容科学技术和管理是"现代经济发展的两个车轮"，"管理是企业发展最重要的软件"。展望未来，管理实践和管理理论面临更大的创新和挑战。从目前来看，管理发展呈现出三个较明显的趋势：一是文化管理趋势，二是知识管理趋势，三是比较管理趋势。下面我们就对这三个趋势做详细介绍。

第一节　文化管理的趋势

一、文化管理

（一）文化的含义

文化原为人类学、社会学范畴的概念，它是指社会中的特定人群所共有的一种习惯性的心理状态，这种心理状态由该人群所形成的共同价值观、共同信念以及特有的行为方式构成。

社会的不同就在于其文化模式的不同。一个公司、企业也是一个小社会，当一个公司具有独特的行为方式时，我们说该公司具有自己的企业文化。有学者认为，文化就是人类中某一群体所拥有的一套价值观、信念、规范、态度、习俗以及普遍的生活方式。这个群体也许是一个部落，也许是一个地区或一个国家。有的学者还认为，文化是能够对人群加以区别的东西。

文化的特征包括八个方面：

（1）自我感和空间感。自我感在不同的文化中表现大不相同，有的社会的自我感以谦逊或忍耐的方式表现出来，有的社会则以咄咄逼人的态度表现出来。例如，在空间感上，美国文化要求人与人之间保持一种距离，而拉丁文化和越南文化需要人与人之间保持亲密感；一些文化对个人的地位讲究尊卑有序，而另一些文化则更为灵活和开放。每一种文化都以独特的方式确认自我。

（2）沟通方式和语言。沟通系统，无论是语言的还是非语言的，都可以将不同文化的人群区别开来。

（3）服饰与仪表。它包括外表的服饰、装饰、身体的装饰（如文身）等，这些都因文化而异。如日本的和服、非洲人的文身、英国人的礼帽与雨伞、爱尔兰男人的裙子等等。

（4）食物与饮食习惯。这一点，不同的文化差异性较大。如一种文化的流行饮食可能是另一种文化的禁忌。各民族饮食习惯也是不同的，如饮食工具从手到筷子再到成套的餐具。

（5）时间观念。时间观念也是因文化而异的。如在一些文化中，是否守时是由年龄和地位决定的。以季节来计时的时间观念在不同的文化中也是不同的，在世界的一些地区以春、夏、秋、冬来表示季节，而另一些地区则用雨季、旱季来表示季节。

（6）人际关系。人际关系在不同的文化中差异是很大的。例如，在印度通常是母亲、父亲、孩子、叔父叔母、舅父舅母生活在一个大家庭中，在这种家庭中每个人的角色已经被定位——以男性为一方，以女性为另一方。在有的文化中，社会和家庭的权威角色是男性，有的文化中则是女性，而有的文化中男女的地位是平等的。

（7）价值观和规范。从价值观系统看，文化为其设定了一套行为规范。这些为社会成员所认可的标准的范围既包括工作伦理或乐趣，也包括对儿童的要求或纵容；既包括妻子对丈夫的严格遵从，也包括妇女的完全解放。

（8）信仰和态度。信仰是区分不同文化的一个最主要的标志。西方文化受到基督教、犹太教的影响更大，而东方文化似乎受到佛教、儒教的影响更大。从某种程度上说，宗教表达了人们对生活中重要事物的哲学认识，它在受到文化影响的同时也在影响着文化的发展。

从管理角度研究文化，注重文化对管理的影响及文化与管理的关系。其内容主要有跨文化研究、对不同文化中能够对管理实践产生影响的文化变动因素的研究、处于不同国家和文化中管理者的管理态度和实践方面的特点研究等。

（二）文化与管理的关系

1.管理也是一种文化

美国著名管理学家彼得·德鲁克在其所著《管理学》一书中，将管理与文化明确地联系起来。他认为，管理不只是一门学科，还应是一种文化，有它自己的价值观、信仰、工具和语言。管理是一种社会职能，其隐藏在价值、习俗、信念的传统里以及政府的政治制度中。管理是，而且应该是受文化所制约的，管理也是文化，而不是一种科学。一个特定民族、社会、文化圈的特定文化对管理过程的渗透和反映，就形成了所谓的"管理文化"。"管理文化"主要是指管理的指导思想、管理哲学和管理风貌。它包括价值标准、经营哲学、管理制度、行为准则、道德规范、风俗习惯等。

2.文化也是一种管理手段

文化对企业管理和发展具有十分重要的作用。体现在以下几方面：第一，它是用共同的价值标准来培养企业意识的一种手段，可以统一成员的思想，增强企业的内聚力。它强调职工的自我控制。第二，它能激励职工奋发进取，提高士气，重视职业道德，形成创业动力。第三，它是一个企业改革创新和实现战略发展的思想基础，有助于提高企业对环境的适应能力。第四，它有利于改善人际关系，使企业产生极大的协同力。第五，它有利于树立企业形象，提高企业声誉，扩大企业的影响。事实上，世界上许多成功的公司和企业都有独具特色的"管理文化"。例如，IBM公司的创始人沃森十分重视经营哲学和文化管理，早在20世纪20年代就为公司确定了"以人为核心，向所有用户提供最优质服务"的宗旨，明确提出了为职工利益、顾客利益、股东利益服务的三条原则。这三条原则后来发展为"尊重个人，顾客至上，追求卓越"的理念，这就是IBM公司今天的管理哲学。又如美国的惠普公司，之所以有今天的成就，在于他们确立了自己的管理模式。其管理模式的基本思想是：只要公司给职工提供了良好的环境并信任他们，他们就能做好工作。公司有关心和尊重个人以及承认个人成就的传统，且很早就实行了长期雇佣政策。这有利于激发职工的主动性和创造热情，使惠普公司产品总是居于同类产品之首。

管理效率依赖于诸如价值系统、管理哲学等文化变量。日本企业的成功很好地说明了这一点。日本在创造了经济奇迹后，美国人发现日本的一些具体管理办法不同于美国，例如终身雇佣制、年功序列工资制、禀议决策制、企业内工会制等。但学者认为这些具体的管理办法同日本的民族传统与社会习惯有很大关系，美国人很难借鉴。通过进一步深入研究，寻求其本质，学者发现日、美管理的根本差异在于对管理因素的认识有所不同。美国过分强调诸如技术、设备、方法、规章、组织机构、财务分析等这些"硬"的因素，而日本则比较注重诸如目标、宗旨、信念、价值准则等这些"软"的因素，而这些"软"因素与整个社会文化密切相关。学者在发现这些差别后，又回过头来研究美国经营成功的企业，发现美国成功的企业也同样注重这些"软"因素。他们最终得出结论：文化中的这些软因素是管理的核心因素，也是管理成败的根本与关键。

3. 文化与管理具有共生性

文化与管理的共生性，主要是指管理也是伴随着文化的发展而发展的，它本身也是通过文化的发展而表现出来的。以西方文化与中国文化为例，学者司马云杰认为，西方文化模式主要源于古希腊文化，它是海上竞争环境中发展起来的，因此一开始就充满了自由竞争的精神。由于海上贸易多有不确定因素，为祈求神的保佑而发展成了宗教；为了进行物与物的交换，首先必须进行人与自然的交换，于是发展了自然科学技术；自然科学技术的发展，人与自然界的交换成果也越来越多，于是发展了关于经济与研究经济的学问即经济学；经济发展了，为了争而不乱，于是发展了法律。所以西方文化模式的主要结构不外乎四种基本特质：一是宗教神学；二是科学技术；三是经济科学；四是法律科学。而哲学则是关于人与神、人与自然、人与物、人与社会的思辨。这种文化模式的主要结构规定了人的价值取向是宗教的、自然的、物质的、法律的。而中国文化模式则主要是在黄河流域上创造和发展起来的。它的主要结构是个体农业和宗法家庭。中国文化以农业为基础，故质朴厚重，富于土地的生命力；以宗法家庭为主体，故尊祖宗、尚人伦、重情感。中国的儒家思想是这种文化模式的核心，它的价值取向主要是土地、道德和礼教。这也是历史上的中国经济、法律、管理、科学技术没有得到充分发展的原因之一。

文化与管理的共生性还表现在文化是在一定的社会生产力基础上发展的。管理也是人类文化的一个组成部分，管理水平的提高，促进了生产力的发展，也使文化的内容更加丰富。企业文化的形成与发展，提高了企业的生产效率，提高了整个社会的生产力水平。同时，企业文化作为一种"亚文化"，其发展也丰富了人类文化的内涵。

4. 文化的管理功能

管理是因文化而异的。在企业国际化、经济全球化的过程中，要想实现有效的管理，管理者具有文化的敏感性和跨文化技巧是基本条件。因此，所有的管理者都必须进行文化的学习和准备，全球性公司要把文化敏感性的培养列入其人力资源发展的战略中。美国学者菲利普·哈里斯认为，文化对管理的作用主要有以下几点：

（1）文化给人以认同感，无论国内还是国外都是如此。特别是在人的行为和价值观方面，文化的作用更大。通过文化培训，可增强雇员对组织的忠诚，提高组织的效率。

（2）文化的知识可以使人更好地相互了解。当管理者理解了文化的一般性和特殊性之后，他们可以更好地推动跨文化的沟通，协调相互关系，提高生产效率。管理的规章制度也可以按照当地的特点、标准等加以制定。

（3）文化的认知对发展组织文化有重要影响。例如，在跨国公司中，公司文化可以影响当地工作人员和顾客的表现。而且子公司、部门等实体都有自己的亚文化，这些亚文化可以促进企业目标的实现以及相互的交流。

（4）文化的洞察力和工具对比较管理的研究十分有益处，它可以使企业领导在从事领导和管理实践中的文化障碍变得更少。那些在异文化环境中经营的管理者，可以在与当地的对手谈判及处理组织关系中变得更富有成效。

（5）文化的敏感性可以使我们认识和发展市场需求的多样性，以改变我们在国内外市场的经营战略。

"文化是明天的经济"，这句话高度概括了具有经济文化性质的企业文化的功能。企业文化能促进企业良好形象的树立和员工潜力的发挥，使员工同心协力，开拓未来，对提高企业的经济效益和推动社会进步起着主动、积极的作用。

总而言之，未来的企业更像一所学校、一个文化团体，员工在企业工作将不再是单纯的谋生手段，而是学习知识、共享知识、创造知识、造福人类的精神享受和强烈需要。对这种公司管理，文化管理应运而生。文化管理纠正了科学管理企业见物不见人的管理方法，适应了人们高层次的需求。随着知识经济的兴起、人力资源核心地位的确立、第三产业的发展、经济全球化的加快，文化管理将带来高效率与高士气的良性循环，成为企业发展的助推器。

二、文化管理趋势出现的必然性

文化管理趋势的出现并不是人们的主观创造，而是生产力与生产关系发展的必然结果，是大工业文明发展到一定时期对管理理论提出的必然要求。下文从以下几点进行分析：

（一）从"经济人"假设到"自我实现人"假设的深刻变化

科学管理的基本假设——职工都是追求经济利益最大化的"经济人"，他们除了赚钱外，没有其他的动机。因此他们是怕负责任、没有创造性的，对他们只能用严厉的外部监督和重奖重罚等方法进行管理，金钱杠杆是唯一有效的激励手段。在泰勒所处的时代，即19世纪末至20世纪初，生产力低下，工人远远没有解决温饱问题，因此"经济人"假设在当时是有一定道理的。但即使在当时，一些工人，特别是有觉悟的工人也绝不是纯粹的"经济人"，轰轰烈烈的工会运动就是明证。随着生产力的迅速提高，发达国家的工人逐步解决了温饱问题，"经济人"假设落后于时代，工人的劳动士气低落困扰着企业主。20世纪30年代，美国管理学家梅奥在霍桑试验的基础上提出了"人群关系论"，正式提出了"社会人"假设。梅奥认为工人除了经济需要外，还有社会需要。影响工人士气的主要不是物质条件，而是社会条件，特别是工人的人际关系。在"人群关系论"基础上发展起来的行为科学，进一步把人的需要划分为生存、安全、社交、自尊、自我实现等5个层次。对解决了温饱问题的职工，满足其生存需要和安全需要的物质激励杠杆，已越来越乏力，而设法满足职工的社交、自尊、自我实现等高层次的精神需要，成为激励职工和赢得优势的关键手段。在"社会人"假设之后又出现了"自我实现人"假设，这种假设认为大部分人在解决组织的困难时，都能发挥想象力、聪明才智和创造性，在现代工业社会条件下，普通人的才智只得到了部分发挥。因此，在企业中不仅要建立亲善的感情和良好的人际关系，还应创造一个使人得以发挥才能的工作环境。而这一切需要营造一个和谐向上的企业文化氛围。

（二）从有形资源管理为主到无形资源管理为主

全球经济已经由一个几乎纯以制造业为主的经济体系转型为一个以智能、技术和服务为主的经济体系。在美国，1900年从事制造业人数占就业总人数的76%，1940年则占57%，1980年占34%。通用汽车公司与微软公司相比，通用汽车公司作为工业时代的堡垒，其全球设施和库存量均居世界首位，它的资产价值400亿美元。而微软公司有形资产规模较小，是原材料库存较少的公司，但资产价值却达2 000亿美元。随着公司越来越重视无形资产，人们衡量一个企业不再只看其固定资产的价值，而是要看其所拥有的管理技术和能够适应环境变动不断发展的长远性——战略、创意、品牌、企业形象、人力资源、销售渠道、服务、客户关系、抗风险能力等等，而这些几乎都是看不见摸不着的，这也是管理向软管理的发展趋势。随着硬管理向软管理的转化，企业成功的定义也发生了变化。资产、规模、产值、技术设备，这些有形资产是过去衡量一个企业成功的主要指标，但有形资产的增加是有限的，而不是无限。随着地球可利用资源的不断减少以及竞争的加剧，对上述这些无形资源的开发和利用，将决定企业未来的生存和发展。

管理有形资源主要是使用定量化的科学方法。现代科学技术及计算机网络的发展，使许多复杂系统和模型的求解变得容易，但无形资源的管理主要取决于人的因素，并且很多无形资源就是以人为载体的（如知识、战略、客户关系）。因此，人力资源在现代企业竞争中成为决定企业经营成败的关键性因素。人是有情感的，任何轻视感情的管理都不会成功。只有建立优秀的企业文化，去团结人、关心人、鼓舞人、培养人，以人为本进行管理，才能在未来知识经济竞争中立于不败之地。

（三）从集权管理到分权管理的发展与企业精神的凝聚作用

随着市场竞争的加剧和通信手段的现代化，决策的复杂程度空前地提高了，对决策及时性和科学性的要求导致决策权力的分散，各种形式的分权管理方式纷纷出现。特别是近20年来，跨国公司大量涌现，这种分权化的趋势更为明显。过去以高效率著称的直线职能制组织形式，即金字塔形组织，由于缺乏灵活性而逐渐失去了活力，代之以联邦分权制（即事业部制）、矩阵式组织以及重心移至基层的扁平化组织。这些分权式组织的特点是有分工但不僵化，重效率而不讲形式，将决策权下放给最了解情况、最熟悉问题的下属企业和公司，可使组织等级层次大幅度减少，管理弹性大幅度增强。随着金字塔结构的改变以及柔性组织和分权管理的发展，企业的管理控制方式也发生了巨大的变化。

科学管理是依靠金字塔式的等级森严的组织和行政命令的方式，实施集中统一指挥和控制的，权力和责任大多集中在上层。现在，权力已下放给各事业部或者跨国公司的地方分公司，再加之地理位置相距遥远，直接监督就更不可能。分权化管理的企业依靠共同的价值观、共同的企业目标、共同的企业传统等因素，即靠共同的企业文化将各个子公司联系在一起。例如，法国的阿科尔公司在1976年还是一家小企业，在短短10年间发展成为取得全球领导地位的巨型跨国公司。其董事长坎普说："我们有7个词的共同道德：发展、利润、质量、教育、分权、参与、沟通。对这些词每个人都必须有相同的理解。"世界最大的快餐企业——美国麦当劳快餐公司，其遍布世界五大洲40多个国家的连锁店，也不是靠行政命令和直接监督统一起来的，而是靠独具特色的企业文化形成了不可分割的整体。

网络技术的发展和知识经济的兴起，使"虚拟企业"和在家里办公成为可能。对于没有办公楼，不上班共同工作，而且各自在家里电脑前自主安排工作的职员，管理人员将企业文化作为手段，对员工实施激励、领导和控制。企业核心价值观成为全体职工自觉工作、自我约束的精神动力，也成为凝聚公司员工的思想纽带。

三、企业的经营与企业文化

企业文化是一定历史条件下的特定产物，它与一定的经济发展水平相联系。先进的企业文化能够适应并推动企业经营的发展；落后的企业文化则会阻碍企业的发展。

企业文化伴随着市场经济的发展，也在不断地改变自身的形态。在当代发达国家中，企业经营思想已完成了由生产导向、推销导向到市场需求导向的转变，传统的经营观念已被现代的、以消费者为中心的经营观念所取代。经营观念只有转化为经营行为才有意义，而经营行为只有从个别倡导者的行为转变为全体员工的共同行为，从一时一事的具体行为转变为一种持久的、非情绪的行为方式以及企业自觉的、稳定的行为规范、行为模式，才会具有真正的文化意义。一个企业只有从经营观念到经营行为乃至企业行为方式全都确立了"为消费者服务"的原则，才算真正建立了现代的企业文化。

近年来，企业文化对企业经营业绩的影响这一问题的研究日益受到重视。美国管理专家对202家世界知名公司进行调查，调查结果表明，在11年中公司文化发展水平的平均得分值与企业长期经营业绩（企业纯收入增长指数、年收益率以及股票市场价格）呈现正相关关系。这一结论也为业绩迅速增长的中国企业所证实。

中国著名企业家张瑞敏总结海尔经验时就说："海尔过去的成功是观念和思维方式的成功。企业发展的灵魂是企业文化，而企业文化最核心的内容应该是价值观。"张瑞敏把"内有文化、外有市场"看作"海尔制胜之利器"。他认为，没有文化的企业要想长久地赢下去，长久占领市场是不可能的。企业竞争是文化的竞争，在家电市场上，海尔企业文化战无不胜。海尔企业文化的核心是"追求卓越"：卓越的产品质量、卓越的服务、卓越的企业形象，而这一切都必须通过卓越的管理来达成。

平安保险公司的管理者认为：一个企业要成功，必须建立成功的企业文化。把产品价值与文化价值结合在一起，把经营与文化结合在一起，是一个成功企业的最高境界。

企业要想实现永续经营的目标，要想以超然的地位抗拒市场风雨的侵袭，必须以一个强大的企业文化作为支撑。现代企业的竞争说到底是企业文化的竞争。创业伊始，平安保险就提出了"以人为本，人才队伍是公司第一宝贵资源"的管理思想，并致力于营造一种优秀的企业文化，来吸引人和凝聚人。当然企业文化并非一朝一夕就能塑造出来的，必须从小处着手，点滴积累而成。

联想集团则提出，企业文化的内核是责任。确立企业对社会的责任感，培养个人对企业的责任感，是联想文化的核心。早在1990年，联想的总裁柳传志在接受记者采访时就说："联想集团之所以能获得一些成功，根本的一点在于联想人是用了船主的责任感在当船长，说到底就是联想负责任，有使命感。""负责任，重承诺，讲信誉"是联想企业文化的重要标志。

上述知名企业的经营发展历程中，文化都是其核心的因素。企业的生存和发展都离不开企业文化的哺育。诺贝尔经济学奖得主诺思说过："自由市场经济制度本身并不能保证效率，一个有效率的自由市场制度，除了需要有效的产权和法律制度相配合之外，还需要在诚实、正直、公正、正义等方面有良好道德的人去操作这个市场。"正是企业文化造就了这样的市场经济参与者。

优秀的企业文化，是以人为本，以顾客为中心，努力服务社会，同时又平等对待员工，平衡相关者的利益，提倡团队精神，并鼓励创新。企业管理演变的历史也证明，那些能够持续成长的公司，尽管它们的经营战略和实践活动总是不断地适应着变化的外部世界，却始终保持着稳定不变的核心价值观和基本目标。在不断发展的过程中仍能保持其核心价值观不变，正是企业成功的深层原因。

谁拥有文化优势，谁就拥有竞争优势、效益优势和发展优势。企业文化学的奠基人劳伦斯·米勒说过，今后的 500 强企业将是采用新企业文化和新文化营销策略的公司。企业家不可沉湎于过去或现有的成功，必须不断地扬弃过去，超越自我展望未来，建立新的企业价值观和企业文化。坚持创新，改造自己，追求卓越才是企业文化创新和文化力的力量源泉，一个企业最终的竞争优势在于学习能力以及将其迅速转化为行动的能力。

四、跨文化管理

跨文化管理的兴起，其直接原因是国际贸易和跨国公司的运作。它主要研究在跨文化条件下如何克服异质文化的冲突，进行卓有成效的管理，目的是如何在不同形态的文化氛围中，设计出切实可行的组织结构和管理机制，最合理地配置企业资源，特别是最大限度地挖掘和利用企业人力资源的潜力和价值，最大化地提高企业的综合效益。

国外对跨文化管理实践的研究有两种思想学派。一派认为，文化差异并不重要，管理原则和实践有其普遍的适用性；另一派认为，文化存在着差异，在管理实践中认识这些差异十分重要。目前，虽然在这一领域的研究争论很多，但也取得了一些成果。研究涉及了民族文化差异及对管理的影响、跨文化企业的计划与战略、组织与控制、沟通与协调、对跨国管理人员的培养、跨国组织的变革与重塑等问题。

根据美国学者威廉·伍奇的研究，美国、日本企业文化有以下共同特征：

（1）为员工提供了一个待人诚实、批评中肯的场所；

（2）相互信任、关系友好，一起工作；

（3）同心协力的团队工作方式；

（4）走动式管理；

（5）将人才视为企业最宝贵的资源。

美国学者研究不同国家管理者的管理模式时，对 14 个国家的 3 500 名管理者进行了调查，得出的结论是管理者的态度存在着高度的相似性。另外，管理者之间存在的差别约有 25% 缘于国家之间的差别。

美国学者还对美国和欧洲管理者的价值观进行了研究，认为欧美人在观念上最显著的差别表现在他们对待时间的不同态度上，欧洲人看到的是过去和现在，而美国人看到的是现在和未来。欧洲人对于时间的态度源于他们重视智慧、稳定、常规、必然性、质量、多样性等等，而美国管理者对时间的态度则使他们看重活力、流动性、非正规性、数量以及整个组织。

欧美管理者对待下级的态度也有很大的不同，许多欧洲的管理者高度重视工人的兴趣爱好，并对此投入金钱和时间，但这种关系经常带有浓烈的家长制色彩，而且管理层与下级之间存在着不小的社会差距。而美国的管理者则喜欢下级有更大的参与积极性。

同美国管理者相比，欧洲管理者的态度更为保守，在进行变革方面有更多的限制。欧美国家对待休闲消遣的态度也不同。研究认为，欧洲人比美国人更加会放松，更加会享受休闲活动。在欧洲人的价值观中，休闲是最具有价值的生活内容之一。

美国学者发现，印度、美国、英国三国管理者在管理模式上有极强的相似性，认为这可能与三国管理者都普遍使用英语有关。与管理有关的理论和实践有大量的文化内涵已经固化在英语这种语言中，这使三国在管理领域的思想有一定的趋同性。

美国人西罗特和格林伍德对一家大型跨国电气制造公司进行调查研究。向工作在 46 个国家的子公司和分支机构的大约 13 000 名员工发放了包含 200 个多项选择题的调查问卷。他们的结论由不同国家的三个不同的工作部门（销售、技术和服务）做出。在世界范围内对不同职业和不同国家进行比较后他们发现，员工的目标有惊人的相似性，员工们最主要的目标就是全身心地谋求取得个人成就的发展机会。虽然不同国家之间存在的差别相对较小，但还是有可能识别并将某些国家划分为一个"国家族"。在"国家族"中，其目标几乎是相同的。

学者还对美国和印度管理中的人际关系进行了比较。在美国文化中，自由选择是一项重要的价值观，所以在人际关系中天生注重参与。在印度，自由选择并不是大多数人的价值观。印度的工作机会少，所以在公司里员工们主要关心的是工作是否稳定。正因为如此，主管或领班可以对下级实施有效控制。解雇或其他的纪律措施等负面效果在印度非常明显，在美国则比较平淡。

学者对美国和日本的管理进行比较后得出的结论是，美国的管理特征是强调个人主义，在人际关系中提倡独立性；促进竞争，鼓励员工参与，鼓励员工向具有更高技能的优秀人才发展。决策过程迅速，且自上而下，鼓励正视冲突和面对问题，使矛盾得到化解；重视政策、规程和制度，忽视人际交流沟通，职工对公司的归属感不强，所以也就没有太大的忠诚度；聘用和提升以个人的成就来决定，并不考虑工作的稳定性。相反，日本的管理则强调个人的"集体主义精神"，提倡融洽和谐的人际关系，鼓励员工的参与，强调个人的品质而不是个人的能力，员工有强烈的归属感和高度的忠诚；员工的提拔、聘用重视资历。

研究还认为，儒家思想的管理方法在中国的香港台湾地区及东南亚国家的华人企业中非常普遍。弗兰克和特沙奥总结了在儒家文化圈中引导人们成功的九个因素：

认——接受教育，掌握知识，培养理解能力；

忍——指耐心及责任感；

韧——指坚韧不拔；

谨——指小心处置包括资本在内的资源；

仁——指善意处事待人；

慎——指要谨慎，尤其要细心和切合实际地计划行事；

诚——指个人对组织和社会的责任；

勤——指勤勉努力并坚持不懈；

俭——指要节俭。

文化模式是千差万别的。每一种文化模式都有独一无二的结构，因此每个民族都有自己独特的价值观念。不仅东方文化不同于西方文化，即使同是东方文化，印度、日本与中国也有很大的不同。中国是以儒家思想为核心的文化模式，其实践在于修身、齐家、治国、平天下，它的价值主题是鼓励人积极进取。而印度的佛教文化，其实践的目的在于从利益和各种欲望中解脱出来，实现精神超越是它的最大价值。它不是鼓励人们积极进取，而是修行来世，为此要舍弃现世一切物质利益和欲望，以达到人生最高境界。日本强调遵守社会的等级秩序和法则，各依本分，否则就会被视为"无理"。从这些方面我们就可以了解文化模式对跨文化管理产生的影响。

第二节　知识管理的趋势

当今世界经济已从工业经济时代进入知识经济时代。知识作为一种独特而又无限的资源，已经成为经济发展的核心要素。企业的发展逐渐从传统的依靠资本积累转向依赖于知识积累与更新，知识管理开始作为企业管理的新模式悄然兴起。知识管理是 21 世纪管理理论的最新趋势，也是现在国内外谈论最多的管理话题之一。知识管理是伴随着知识经济出现的。本节主要介绍知识管理的含义和内容，知识管理应遵循的原则，知识管理的步骤以及知识管理的策略及其选择等内容。

一、知识经济兴起与知识管理

很久以前，未来学家就已经预见到，在传统的经济模式之后，一种新的经济模式将在 20 世纪末至 21 世纪初出现。尽管这些学者们使用的概念不尽相同，但基本思路却大体一致，那就是在人类农业、工业两次经济革命之后，又一次新的经济革命很快就会到来，而这次革命不是在土地或工厂里实现的，而几乎是在大脑里实现的，其核心是知识。如今，知识经济再也不是人们的预测，而是成为现实了。如果说农业革命是第一次经济革命，工业革命是第二次经济革命，那么知识经济可称作第三次经济革命。

（一）知识经济的含义

为了更深入的了解什么是知识经济，首先就必须了解什么是知识。国内外对知识普遍认同的解释一般用"4W"来概括，即"知道是什么（Know-What）""知道为什么（Know-Why）""知道怎么做（Know-How）""知道是谁（Know-Who）"。

"知识经济"中所说的"知识",是一个广义的概念,包括人类迄今为止所创造的所有知识。其中,科学技术、管理科学的知识是最重要的部分。概括地讲,知识本身具有这些特性:不可替代性、不可逆性、非磨损性、可共享性和无限增值性。知识的这些特点决定了知识与一般生产要素相比有本质的区别:在知识经济中,知识已不是经济增长的"外生变量",而是经济增长的内在核心因素。当知识成为主要经济要素后,经济的增长方式会发生根本变化,长期高速增长成为可能。

在人类历史上,无论是哪个国家、哪个地区在哪方面的知识首先得到发展,最终都必将造福于全人类,这就是知识的共享性。知识产品与物质产品最大的区别就在于:知识产品可以同时供无穷多的人使用,而物质产品在同一时刻只能供有限的人使用。正是由于知识具有以上特性,无论世界上什么民族、什么种族的任何一种活动都离不开知识,人类经济的发展当然也不例外。目前,知识对经济的作用表现得尤为突出,据统计,目前经济合作与发展组织(OECD)主要成员的知识经济已经超过其国内生产总值的50%。

知识的优势与价值也在我国日益显现。据社会调查显示,社会上高收入阶层,其文化程度普遍较高,有知识有文化的人在市场经济中充分发挥了自己的优势。知识已经在社会经济中发挥着越来越重要的作用,知识经济的时代已向我们走来。

什么是知识经济?国内许多专家学者提出了各种看法。有学者认为,知识经济就是以知识为基础的经济,这种经济直接依赖于知识和信息的生产、扩散和应用。有的学者提出,知识经济指知识成为经济的主导因素,处于中心地位,知识替代物质成为战略资源。还有学者认为,知识经济在本质上是以智力资源的占有、配置,以科学技术为主的知识的生产、分配和消费(使用)为最重要因素的经济。

从以上观点可以看出,这些学者对知识经济的认识在本质上是相同的,即在知识经济中,知识是主要的、核心的第一要素。如果说在工业社会中,战略性资源是资本,而在知识经济中,战略性资源则是知识。

在知识经济中,高新技术产业是核心产业。按联合国的分类,高新技术主要有:信息科学技术、生命科学技术、新能源与可再生能源科学技术、新材料科学技术、空间科学技术、海洋科学技术、有益于环境的科学技术和管理科学技术(又称软科学技术)等。

(二)知识经济的特点

知识经济与以往的经济形态最大的不同点在于:知识经济的繁荣不是直接取决于资源、资本、硬件技术的数量、规模和增量,而是直接依赖于知识或有效信息的积累和利用。知识经济是建立在日益发达的、成为未来经济主流的信息产业之上的,它强调产品和服务的数字化、网络化、智能化,主张敏捷制造和个性化商品生产,它是能够按照用户需要进行有效生产和服务的经济。知识经济的特点主要表现在以下几个方面:

(1)信息技术的广泛应用。信息技术作为一种技术产品,具有投入少、产出多且资源可重复使用和复制的特点,其产业规模的扩展程度完全取决于对知识的理解和运用。信息技术的运用必将使经济系统在产品、服务、效率、企业形象、生产、流通、交易等概念及操作方面都面临着深刻的变化。

（2）经济产值的"轻型化"。例如，用光纤取代铜线，用数字产品取代模拟产品等。由于知识的含量增大，产品的附加值也成倍地提高。人们将这种以知识投入带来优化的经济称为"轻型经济"。在当今经济最发达的美国，其国内生产的产品如果以吨位来衡量，几乎同100年前差不多，但其实际价值却增长了20倍。据说，如果以不变价格计算，现在美国出口同样价值的产品，其平均重量仅及1970年的一半。

（3）创新是知识经济发展主要的内在驱动力。知识经济是以创新的速度、方向决定成败的经济，它改变了过去那种以资源、资本的总量或增量决定的模式，以创新优势来弥补资源和资本上的劣势。加强创新，就可以在未来的市场经济中占据优势。

（4）管理和决策的知识化。随着管理和决策的知识化，知识管理将成为社会企业管理的主要方法。目前，在西方国家，一些大公司为尽快获得、掌握和保存最有价值的知识，专门设立了一批新式高级经理职务，即"知识主管"。这些人给公司提供的不仅仅是数据，而且还包括经过提炼和创造的知识资本。

（5）知识经济发展的可持续性。知识经济是以知识为基础的经济，它所依赖的真正的生产资料不再是以资金、设备和原材料为主，而是以人的知识为主。通过知识，一方面能科学、合理、高效地利用现有的自然资源；另一方面不断探索开发新的资源。所以，知识经济是可持续发展的经济。

正如世界银行副行长瑞斯查德所说，在知识经济时代，知识是比原材料、资本、劳动力、汇率更重要的经济因素。美国著名的管理学家彼得·德鲁克认为："在现代经济中，知识正成为真正的资本与首要的财富。"

那么，知识经济对企业管理究竟有哪些方面的影响呢？其主要影响有以下几个方面：

一是环境的变化。主要体现在两方面：首先是基础变化，知识经济是以不断创新的知识为基础的，是典型的知识密集型经济形态；其次是主导性要素的变化，知识经济中主导性要素是人力资源（或称智力资源）。

二是竞争的焦点。知识经济中竞争的焦点在于，谁能创造符合人们新的需求的标准，引导时代的潮流。

三是战略的调整。在投资战略上，重点转移到人才培训、激励创新方面，同时生产和分配要向知识产品及服务倾斜；在竞争战略上，注意利用知识产权的武器；在成长战略上，由靠规模经济促进企业发展调整到大力依靠无形资产的创造和增值来实现企业的成长。

随着生产力的不断发展，人类社会正在从工业文明时代迈向知识经济时代，知识化、信息化正成为社会发展的主流趋势。与知识经济相对应，未来将出现一个全新的管理领域——知识管理。

二、知识管理

（一）知识的定义

知识经济是以知识为基础的经济，是建立在知识的生产、分配和使用之上的经济。在知识经济时代，知识是企业最重要的战略性资源。

关于知识的定义，实际上非常复杂。知识不同于资料和信息。资料是对事实的描述，是构成信息和知识的最基本元素，信息则是相关数据的集合。知识是信息构成的复杂有机体，是人类进行活动、决策和计划能力的体现。如果我们将资料、信息与知识的关系比作金字塔，那么资料是塔的底座，信息是塔身中段，而知识则是金字塔的顶端。吸收知识，就是要解释大量的资料与信息，归纳为明确的观念与准则，可以记录、包装并将其传递给他人。

知识的种类很多，有具体知识和抽象知识、专业知识和通俗知识，有科学知识、历史知识、文化知识、艺术知识等形态，可谓纷繁复杂，要想对其准确分类是相当不容易的。但可以将其粗略地分为两大类：显性知识与隐性知识。所谓显性知识指有一定的存在形式和固定的载体，可以被明确地表达或描述出来。显性知识内容明确，容易整理、储存和传播。隐性知识就是存在于个人内心里面，尚未完全表现出来的，或存在于团体的特殊关系之中，或存在于特定的规范、态度、信息流程以及决策方式之中，也有可能存在于企业之外或企业之间，它没有独立的载体。隐性知识比较经验化、主观化和个人化，而且难以传播。因此，隐性知识较之于显性知识更难为外人理解和掌握。

知识具有以下一些特点：

（1）知识是人的能力的体现，而不是文件或音像资料；

（2）知识的产生离不开直接或间接的交互活动；

（3）知识是可创造的，知识的拥有者可以创造出新的知识；

（4）知识是信息构成的网，有丰富的内容，且知识的获得需要时间；

（5）知识使其拥有者具有适应能力。

（二）知识管理的含义

知识管理作为一门新科学，其诞生时间还不是很长，是个不断发展和丰富的学科。关于知识管理的定义归纳起来有以下几种：

（1）知识管理是将组织可得到的各种来源的信息转化为知识，并将知识联系起来的过程。

（2）知识管理是对企业知识的识别、获取、开发、分解、使用和储存。

（3）知识管理是利用组织的无形资产创造价值的艺术。

（4）知识管理是对知识进行正式的管理。

（5）知识管理是为企业实现显性知识和隐性知识共享寻找新的途径。显性知识可以通过计算机进行整理和储存;隐性知识则难以掌握,它储存在个人的大脑里,是个人的经验。

（6）企业知识管理是指为提高企业竞争力而对知识的识别、获取和充分发挥其作用的过程。

（7）知识管理是当企业面对日益增长的非连续性的环境变化时,针对组织的适应性、组织的生存及组织的能力等重要方面做出的一种迎合性措施。本质上,它包含了组织的发展进程,并寻求将信息技术提供数据和信息的处理能力以及人的发明和创新能力这两者进行有机的结合。

（8）知识管理就是运用集体的智慧提高应变和创新能力。

归纳起来,知识管理是信息管理的延伸与发展,也就是使信息转化为可被人们掌握的知识,并以此来提高特定组织的应变能力和创新能力的一种新型管理形式。知识管理重在培养集体的创造力和推动创新。

从企业经营的角度出发,知识管理是指通过对企业知识资源的开发和有效利用,提高企业竞争力和创新能力,从而提高企业创造价值的能力的管理活动。知识管理具体有如下特点:

（1）知识管理作用显著。主要表现为:增加组织整体知识的存量与价值;应用知识以提升技术、产品、服务创新的绩效以及组织整体对外的竞争力;促进组织内部的知识流通,提升成员获取知识的效率;指导组织知识创新的方向;协助组织发展核心技术能力;有效发挥组织内部个体成员的知识能力与开发潜能;提升组织个体与整体的知识学习能力;形成有利于知识创新的企业文化与价值观。

（2）知识管理的最终目的与其他管理的最终目的一样,都是为了提高企业创造价值的能力。但知识管理的直接目的是要提高企业的创新能力,这也是知识管理在新的经济时代出现并且广泛兴起的直接驱动力。

（3）知识管理的主要任务是要对企业的知识资源进行全面和充分的开发以及有效的利用,是将知识看作企业的一个相对独立的资源而加以全面和综合的管理。

（4）知识管理不同于信息管理。信息管理侧重的是建立并维持一个通畅且高效的信息网络,从事信息的收集、检索、挑选、分类、存储、传输和分析等等。尽管在信息管理的高级阶段,信息管理人员也参与一些商业竞争方面的战略分析,但对如何利用信息来进行企业创新,在信息管理中并没有什么特殊的要求,而且往往企业的信息管理者和信息使用者之间沟通不够。而知识管理则是对包括信息在内的企业所有的知识实施全面的管理,要把企业的知识资源统筹起来,与其他资源相结合,致力于企业的创新活动。知识管理是通过知识共享,运用集体的智慧提高应变和创新能力。对于企业来说,知识管理的实施在于建立激励人员参与知识共享的机制,设置知识总监职务,培养企业员工的创新和集体创造力。所以,与知识管理相比,信息管理只是知识管理的一部分。

（5）知识管理的核心是培养创新能力。知识管理的一个突出特点就是自身创新能力的不断增强,利用最新的信息技术来实现所需信息的获取和传递。知识经济时代的到来,使传统生产经营方式和思想观念发生了深刻变革，对企业的经营理念和管理模式提出了挑战。创新是知识经济的核心内容，是企业活力之源。技术创新、制度创新、管理创新、观念创新以及各种创新的相互结合、相互推动，成为企业经济增长的引擎。

三、知识管理活动的内容

（一）企业知识管理活动主要内容

（1）进行知识交流与知识共享的宣传。知识的显著特点是在交流和共享中得到不断发展。在科学技术突飞猛进的今天，企业只有通过不断创新，才能在激烈的市场竞争中取得竞争优势，从而提高经济效益。而创新本身，无论是技术创新还是管理创新，从本质上讲都是一种新知识的创造，也是企业知识资源的一种积累。因此，在企业内部各个部门以及各个员工之间，在企业的内部与外部之间，必须进行知识的交流和共享。如果没有知识的交流与共享，要实现创新是不可能的。所以，知识管理首先要在企业内进行知识交流与共享的宣传，培养企业员工树立知识交流与共享的意识，使其逐渐自觉主动地参与知识的交流与共享。

（2）建立知识网络，促进知识的交流与共享。知识的交流与共享是企业创新的基础，因此在知识管理中，通过各种方式来促进知识的交流与共享是其重要的工作内容。促进知识交流与共享的方式有两个方面：一是要尽可能地运用现代化的技术手段尤其是信息高科技手段建立起各种形式的企业知识网络，为知识的交流与共享创造基本的条件；二是要尽可能地通过各种方式创造一种鼓励知识交流与共享的环境，企业员工在这种适宜的环境中，通过知识的交流与共享，将信息与信息、信息与人脑中的难以编码化的知识联系起来，从而保证企业创新活动的不断进行。

（3）驱动以创新为目的的知识生产。随着全球经济一体化的发展，企业面对着越来越复杂的市场竞争环境。在激烈的竞争中，企业要想立于不败之地，就必须拥有比别人领先一步的产品、技术或管理的创新。领先一步的管理创新可以说主要来源于企业以创新为目的的知识生产。无论是哪一种类型的知识，只要抢先一步掌握，就可能给企业创新带来极大的便利。因此，充分开发和有效利用企业的知识资源，进行以创新为目的的知识生产，是知识管理活动的一项重要内容。

（4）积累和扩大企业的知识资源。企业的知识资源是创新的源泉。要想使创新不断地进行，知识管理还必须致力于企业知识资源的不断积累和扩大。知识资源积累和扩大的基础是其中智力资源的积累和扩大。智力资源的积累和扩大主要依赖于企业职工关于知识的自主学习、交流与共享，企业进行有组织、有计划地培训活动以及外部优秀智力资源的加盟。企业智力资源的积累和扩大，并能动地发挥作用，将大大改善和提高企业无形资产和有关信息的质量，从而使企业的整个知识资源得以积累和扩大。因此，知识资源积累和扩大的关键是其中智力资源的积累和扩大。

（5）将企业的知识资源融入产品或服务及其生产过程和管理过程中。知识管理的直接目的是企业创新，而企业创新是使企业的知识资源转化为新产品、新工艺、新的组织管理方式等的过程。因此，创新离不开知识资源与企业产品或服务及其生产过程和管理过程的结合。所以，知识管理的一个重要的内容就是要明确企业在一定时期内所需要的知识以及开发的方式与途径，贯彻相应的知识开发和利用战略，从而保证企业知识的生产，使知识资源的积累和扩大与企业产品或服务及其生产过程和管理过程紧密地联系在一起。

（二）知识管理遵循的原则

（1）积累原则。积累是知识管理的基础。通过知识管理将企业内部的信息积累保存起来，这是企业开展知识管理战略的基础。例如企业的档案管理体系，是将企业内有价值的文件归档。企业的信息系统，将企业的业务数据保存下来。这些都为未来企业进行决策和判断提供了事实基础。有了宝贵的知识积累，企业的知识创新才能成为可能。

（2）共享原则。共享是知识管理的价值体现。如果知识只是积累，而没有提供共享和交流的手段，没有形成知识在企业内部的共享，那知识积累的价值就没有体现。从现阶段的经济模式来看，经济模式从封闭性、地区性向开放性、全球性转变。将企业内积累的宝贵知识在企业内共享和交流，让知识共享成为企业的文化。例如，一个项目失败的教训，会为企业其他项目提供教训；一个项目成功的经验，也会为企业其他项目提供学习经验。将一个项目的个体行为拓展成企业的整体行为，将提高企业利用知识的效率。

（3）创新原则。创新是知识管理的最终追求，它是企业知识管理的最终目的。知识是创新的源泉，有了知识的积累，有了企业内部知识共享的文化，共享成为企业员工的标准行为，这样才能在企业内部形成脑力激荡，才能产生具有较高知识含量的产品。

（三）知识管理的步骤

（1）确定企业的战略目标。知识管理不能脱离企业的目标而独立存在。它必须与企业的总体战略目标相一致，才能建立生存和发展的基础。要根据企业战略目标制定出企业的知识管理战略规划书。

（2）确定企业知识管理的重点领域。首先明确企业的核心竞争力、企业业务中的发展重点，分析企业潜在收益最大的环节等，从而确定企业内部优先实行知识管理的部门或流程。对需要改进的环节或流程，实施知识管理的综合衡量，定义出实施的先后次序。力争找到投入最小，见效最快的环节。

（3）对引入知识管理的业务环节或流程进行分析。分析该项业务环节或流程的目标，要达到目标企业必须具备什么能力和技能。这些能力和技能，就是在这个环节进行知识管理的内容。对这些只是进行管理，就能达到该项业务环节或流程想要达到的目标；并分析该环节现有的知识，包括显性知识和隐性知识，制定出它的知识树状图。

（4）制定相应的知识管理方案。对引入知识管理的业务环节或流程所需的知识进行分析，分析得到这些知识所遇到的障碍，得到知识的目标以及选择相应的工具，制定出知识管理实施的计划书。

（5）对引入知识管理的业务环节或流程实施前和实施后的评估。了解知识管理策略是否对该项业务有了明显的可衡量的效果，同时也是对前期分析和知识管理实施的一个检测，并根据评估的结果来调整企业的知识管理计划。

对各项需要知识管理的环节或流程进行逐步的实施，全部实施后，再对第一个实施的环节进行再分析，再实施，形成企业知识管理的一个良性闭环系统。通过在企业内部实施上述知识管理步骤，在企业建立起知识管理系统。它包括：

①企业的知识中心。企业的知识中心包括企业知识的评估和收集系统，成为企业对知识贡献的评价体系。

②企业知识检索系统。企业知识检索系统能提供更加智能化的知识检索，而不是一种简单的搜索结果的堆积。

③企业的专家名录。通过知识管理，总结出企业各项业务的专家和专长，为企业解决问题提供最佳人选和组合。

四、知识管理的发展趋势

随着知识经济的发展，知识管理将和信息管理一样得到快速全面的发展，知识管理的发展将呈现七大趋势：

（1）知识管理将成为企业参与竞争的必备工具。

（2）知识管理的最大挑战是隐性知识的共享。

（3）一旦企业能够开始有效地管理现有的知识，知识管理的重点将转向如何激发企业的创造力。

（4）在成功的企业中，知识应该是分散的，以便达到最广泛的再利用；企业中层次化的知识结构将阻碍知识在企业中的传播。

（5）知识管理可以产生启迪作用，使企业职工更自觉，更容易管理，从而简化甚至消除企业的监督机制。

（6）信息技术将成为知识管理的必备工具。但光有技术是不够的，还需要激励机制、企业文化等因素的配合。

（7）知识管理的发展将孕育一种新的职业，即知识经纪人。在以知识为中心的企业环境的过程中，知识经纪人将起主要作用。与其他中间人类似，知识经纪人的主要作用就是联系需要知识和拥有知识的双方。这些专业化的知识经纪人可以帮助企业在做出决策时，能够对所有可能获得的相关信息进行考虑。知识经纪人的水平以及他们所支持的决策的创造力，将成为衡量知识管理水平的标志。知识经纪人将成为未来企业寻找并捕捉全新机会的门户。

第三节　比较管理的趋势

比较管理注重在不同的环境和条件下，对企业和管理体系的差异和相似之处进行研究和探索。这种对比既可以在小组织和大组织之间，也可以在不成功的企业和成功的企业之间；既可以在不同国家和地区之间，也可以在发达国家和发展中国家之间。

一、比较管理学产生的背景

（1）随着科学技术的发展，人们的生活联系越来越密切。1978 年世界经济产品约30% 是通过国际商业活动产出的，其中大部分来源于遍布世界各地的多国公司（MNC）。国内外各公司的管理人员逐渐需要从全球范围来思考问题，并且已经认识到了外在的竞争压力。今天没有任何公司和行业可以回避这种外来竞争，日益激烈的市场竞争使人们认识到必须从全球范围来思考和计划企业的运作。

（2）比较研究方法在管理研究中的应用是不可避免的。在衡量某一事物时一定是以另一事物作为参照物来进行的。比较研究法是通用的，它不仅可以应用于管理学还可以应用.于经济学、社会学、文学等领域的研究。

（3）在研究某个特定的组织和管理现象时，通过不同管理模式的比较，可以拓宽研究的广度和深度；同时，通过对不同文化和制度的研究，也可以使人们更好地了解外来文化，培养多样性的鉴赏力，有利于同其他来自不同文化的人们交流和合作。

（4）通过不同管理模式的比较研究，可以使组织内部的管理人员更准确地认识、定位各自所生活的环境和文化。"不识庐山真面目，只缘身在此山中"，人们通常认为自己了解自己所处的环境和文化，但事实并非如此。例如，美国学者认为，西方尤其是美国拥有创造性的管理思想和卓有成效的管理方法。但是日本经济的崛起逐渐使这些人认识到情况并非如此，各个国家和地区的不同环境和文化在管理中起着至关重要的作用。

由此可见，对每个管理人员而言，比较管理是十分重要的。高产的世界，需要各国公司的管理人员从全球范围思考问题，而且需要在全球范围内进行计划、组织活动，以适应世界经济一体化的发展趋势。

二、管理原则与理念比较

在企业管理中，管理者会涉及三个最基本的问题，即管理目标、管理的方法和手段以及管理的依靠对象。这就需要管理者能够充分依靠全体员工的力量，通过建立管理规则和秩序，正确把握企业的经营和发展方向，采用相应的对策实现管理目标。建立管理规则和秩序，涉及的是法律法规等问题；掌握规律，采取对策，实现目标，则必须依靠理性精神和理性力量。由此可见，法、理、情三者有机结合的情况会决定管理水平的高低。下面我们将对美、日、中三个具有代表性的国家进行分析，来比较法、理、情三者的作用以及未来发展的趋势。

（一）以"法"为中心的美国管理模式

美国管理模式表现的是西方科学主义的文化背景。科学主义思维的基本要求就是依靠法规、条例来进行管理，其五大原则就是：精确、量化、分解、逻辑和规范。因此，其所制定的管理模式肯定是强化规则、秩序和逻辑程序，以制度为中心，以防范为特征。正是这种以法规为核心的管理模型，反映了科学主义的管理原则和要求。

在人类管理发展史上，美国管理模式提供了科学管理的绝大部分内容：行为科学管理中属于"独立人"方面的全面内容，现代管理系统中的计算机、数学模型、新科学管理方法的大部分内容。制度的建立克服了传统管理中的无序状态、放任状态，因而构成了全部管理的基础，如果不经过科学管理阶段，就不可能建立这样有效的管理模式。

（二）以"理"为中心的日本逻辑管理

理性是一种现实性，没有理性就不能面对现实，不能正视矛盾，但是过分强调理性会限制事业的发展。日本式理性到目前为止帮助他们取得了很大的成功，但其内在缺陷也会阻碍其进步。

日本的管理理性由三大要素组成，即生存理性、危机理性和人文理性，从而使日本民族具有强烈的理性精神，在管理上走出了自己独特的道路。首先表现为 20 世纪 50 年代初期日本式管理由"三个不足"而形成三大特点，即由市场饱和而形成战略管理特点，由质量低劣而转变成质量制胜战略，而人才奇缺使日本管理一开始就注重管理中人才的培养和人力资源的开发。

日本民族的这种理性精神使得它对一切先进的东西都能具有一种认同感。他们的理性使他们看到了自己的不足，看到他人的长处。但是日本也因此成为一个特别看重利益的民族。

（三）以"情"为特质的中国管理哲理

和西方科学文化不同，中国文化是人文文化、伦理型文化，善于协调人际关系，追求群体和谐。中国文化比较看重人在群体中的地位和作用，强调个体对群体的义务和贡献，同时也需要群体对个体的关照和扶持。

中国以"情"为纽带的管理在现代化管理中产生了极大的影响。首先，由于沟通频率的提高而增加了群体内部成员的认同感；其次，组织的整合功能强。由于其内协效应高而导致实现目标的力量集中，从而减少阻力而更有利于目标的实现。最后，部门之间的协调成本和费用也会降低，并使各部门之间产生互补效应，有利于整个公司和企业的整体功能的发挥。由此可见，以"情"为纽带的管理模式，由于内部情感交流频繁，成员之间认同度高，易于采取一致的行动步调，从而减少成员间的协调成本，提高管理效益。

但是，这种管理理念过于强调人的作用和价值的实现，忽略了条例管理和制度效应，从而过分注重人事关系，在强调任务和规则方面，表现出的是一种非理性的精神。另外，由于传统文化的影响，在管理中过多地偏重"关系学"，而忽视了规则、制度的有效执行，管理中的制度效应难以发挥作用。因此，制度执行不严、人事关系过多、理性精神不足，正是中国管理模式的不足之处。

三、各种管理模式的比较

研究者在对管理模式进行分析研究时，是从不同角度或方面进行的。但总的来讲，可以概括为三个主要方面：生产力、生产关系、上层建筑（指文化、政治法律等）。因此，可以将比较管理学的研究对象在三维框架中展开：

一是生产力方面。可分为高、中、低三个不同层次的生产力水平。主要代表为：发达国家，如美国；中等发达国家，如韩国、新加坡等；发展中国家，如中国、巴西等。

二是生产关系方面。主要从市场结构划分，可分为商品型经济关系，以美国、日本为代表；转轨型经济关系，以中国为代表；自给型经济关系，这种经济关系现在几乎不存在，主要代表为西方中世纪和中国古代的经济管理模式。

三是文化方面。主要是指东方文化和西方文化。东方文化的主要代表是中国的儒家文化，儒家文化着重调节人际关系和矛盾，所以又称为人文文化；西方文化的主要代表是科学主义。

（一）欧美管理模式

这是"二战"后西方的最新管理模式。这种模式的主要特征是：生产力高度发展，商品经济关系已经完全成熟，管理呈现出一系列的新的趋势，例如管理的整体化趋势，具体表现为管理的信息化和经营化；管理的战略型趋势，表现为管理过程的立体化，战略意识渗透到具体的管理过程中；管理的多变性趋势，表现为节奏和频率加快，权变管理和以现实为中心的管理成为现代管理的最新趋势；管理的非理性化趋势，表现为管理不仅要重视人的理性因素，同时也要注意人的非理性因素，这就是现代管理中的人本主义思想；管理的科学化，表现为大量的最新技术和科学方法的应用。

但是在这一阶段，西方管理已经明显感受到一种文化因素的矛盾，即在西方科学文化规范化、逻辑化、精确化基础上的现代管理与人文文化的冲突，这使得西方越来越注重东方文化的内涵，同时也使得西方开始注重在管理中突出人的因素。这一矛盾的发展必将使得西方管理中的文化因素越来越向东方靠拢。

（二）东亚管理模式

东亚管理模式是东方高度商品化和市场经济的一种经济管理模式，主要是指东亚"四小龙"国家中企业的管理模式。这些国家或地区的经济在过去几十年里取得了很大的成就，实现了经济高速增长。这一成就的出现主要得益于在经济实行市场化的过程中，有机地将儒家文化和科学文化相结合，吸取了两种文化的长处。他们的成功，无疑给中国走向现代化指出了一条道路：在经济发展的过程中，要逐渐完成从自然经济向商品经济转变，逐渐形成法律完善的社会。这些国家和地区在经济发展中，通过加强政府的宏观力量来推动经济的迅速增长，这在一定程度上摆脱了自由资本主义经济运行过程中经常出现的无政府状态。

（三）日本管理模式

日本管理模式的最大特点在于它的文化特色。这种文化被人们称为"合金文化"，它是东方文化的基础上汲取西方文化的精髓交融而成的。这种文化非常有利于日本的社会生产力和商品化的发展。从生产力层次上讲，日本虽然已经进入高层次阶段，却属于高层次中较低的水平，经济实力与西方最发达的国家还有一定的差距，但正是由于日本在发展过程中吸收了他人的优势，从而使日本经济能够快速发展。然而，由于日本的文化是外来的，缺乏文化底蕴，从而造成了其内部的摩擦和矛盾，日本在成为工业发达国家以后陷入了严重困境。

从历史发展的过程来看，管理模式的发展形成了这样的格局：在自然经济为主的低生产力水平阶段，与之相协调的是以行政管理为主的古代管理思想；在经济发展进入工业化阶段后，现代管理思想开始出现；在更高水平的生产力阶段，各国形成了各自独特的管理模式。

参考文献

[1] 杜茜. 高职院校人才培养模式改革研究——以基于 BPO 的商务管理专业为例 [J]. 知识经济，2017（2）：143，145.

[2] 范征. 基于现代商贸流通业产业链的高职商务管理专业群建设研究 [J]. 工业和信息化教育，2016（10）：32-37，57.

[3] 韩子琼. 经济法在现代企业商务管理中的应用 [J]. 现代营销（下旬刊），2016（5）：36.

[4] 胡日春，邓永安. 经济法在现代企业商务管理中的有效运用探讨 [J]. 现代经济信息，2015（24）：264.

[5] 李明，卢志平，吴明彦. "两化融合"背景下的信息管理类 ERP 人才培养模式探析——以广西科技大学为例 [J]. 图书馆学研究，2017（3）：17-20，27.

[6] 林颖. 经济法在现代企业商务管理中的应用 [J]. 现代商业，2013（24）：274.

[7] 刘燕燕. 国际商务管理中的文化观探讨 [J]. 中国商论，2019（03）：95-96.

[8] 罗羿寒. 以工作过程为导向开展专业项目教学的实践与探索——以广西国际商务职业技术学院为例 [J]. 学园，2015（13）：67-68.

[9] 王华. 行动导向、任务驱动的商务英语专业课程需求分析——来自《欧洲职业语言和交际能力共同参考框架》的启示 [J]. 广东农工商职业技术学院学报，2016，32（1）：47-51.

[10] 王晓萌. 经济法的社会责任原则研究 [J]. 中小企业管理与科技，2017（12）：76-77.

[11] 王雨晴. 经济法在现代企业商务管理中的应用 [J]. 法制博览，2017（23）：229.

[12] 王玉峰. 国际商务管理中的文化问题研究 [J]. 居舍，2019（22）：159.

[13] 温玉宇. 新时期商务管理专业职业能力与培养体系构建研究 [J]. 纳税，2017（5）：57.

[14] 熊靓. 经济法在现代企业商务管理中运用研究 [J]. 旅游纵览（下半月），2013（12）：6.

[15] 徐慧卿，孔建华. 基于公司运营的《电子商务物流管理》课程职业能力考核体系构建 [J]. 中国电子商务，2013（12）：170.

[16] 姚孝军. 国际商务中的跨文化管理研究 [D]. 武汉：华中农业大学，2007.

[17] 张栋梁. 跨国经营中的文化冲突与规避对策研究 [D]. 昆明：昆明理工大学，2004.

[18] 张瑞. 经济法在现代企业商务管理中的探析 [J]. 现代经济信息，2018（12）：313-314.